工业革命书系
工业革命1.0

[新西兰] 马特耶·阿本霍斯（Maartje Abbenhuis）
[加] 戈登·莫雷尔（Gordon Morrell）

著

孙翱鹏 译

万国争先

第一次工业全球化

The
FIRST AGE *of*
INDUSTRIAL
GLOBALIZATION

An International History 1815–1918

中国科学技术出版社
·北 京·

北京市版权局著作权合同登记 图字：01-2022-5436。

图书在版编目（CIP）数据

万国争先：第一次工业全球化 /（新西兰）马特耶·阿本霍斯，（加）戈登·莫雷尔著；孙翱鹏译 . — 北京：中国科学技术出版社，2022.11

书名原文：The First Age of Industrial Globalization：An International History 1815—1918

ISBN 978-7-5046-9815-5

Ⅰ .①万… Ⅱ .①马…②戈…③孙… Ⅲ .①工业化进程—研究 Ⅳ .① F403

中国版本图书馆 CIP 数据核字（2022）第 198563 号

总 策 划	秦德继			
策划编辑	申永刚 刘 畅 刘颖洁	**责任编辑**	刘 畅
封面设计	仙境设计	**版式设计**	蚂蚁设计
责任校对	焦 宁	**责任印制**	李晓霖

出 版	中国科学技术出版社
发 行	中国科学技术出版社有限公司发行部
地 址	北京市海淀区中关村南大街 16 号
邮 编	100081
发行电话	010-62173865
传 真	010-62173081
网 址	http://www.cspbooks.com.cn

开 本	880mm×1230mm 1/32
字 数	178 千字
印 张	9.75
版 次	2022 年 11 月第 1 版
印 次	2022 年 11 月第 1 次印刷
印 刷	北京盛通印刷股份有限公司
书 号	ISBN 978-7-5046-9815-5/F·1060
定 价	79.00 元

除非是在一个疯狂的世界，不然谁会试图将无尽的信息仅仅浓缩为一个焦点？

——西奥多·H. 冯劳尔（Theodore H. von Laue）

001 第1章
概述工业全球化的第一阶段，1815—1918年

029 第2章
协约与束缚：国际外交体系，1815—1856年

059 第3章
1815年后的工业化帝国和全球资本主义

091 第4章
1850年后的全球化基础设施建设

123 第5章
移民与有形和无形帝国的扩张

155 第6章
全球商品及工业资本主义的环境成本

183 第7章
1850年后的战火纷飞

215 | 第8章
当地方遭遇全球：世界范围内的思想与政治

245 | 第9章
工业全球化与第一次世界大战的起源

273 | 第10章
全面战争下的工业全球化，1914—1918年

303 | 致谢

第1章

概述工业全球化的第一阶段，1815—1918年

两百年前的世界与今天差异极大，这虽然是老生常谈，但也是确凿的事实。我们的叙述要从1815年说起，在当时，全世界绝大多数人都生活在农业社会，依靠土地或海洋的产出生活。农事历指导着他们的生活，从耕种、生长、收获，到捕鱼、狩猎、采集，数百年来一直如此。即使是城市居民（大约仅占当时人口的3%），他们的生活也仅限于某一地区或区域，他们的社会习俗、风俗传统与宗教活动都由其所处的社会与当局政府（可能是帝国、王国、部落或是共和国）所决定。掌握权力的通常是一小撮精英，其余的人则为这些精英服务。

在绝大多数时间里，社会变化的步伐缓慢而审慎。抛开罕见事件——例如战争、侵略、政府更迭、饥荒、瘟疫或是自然灾害等，人们的生活相对而言是可预测的，但又常常伴随着动荡不安。绝大多数人一生的足迹，都停留在距出生地数英里①的范围内。

但当然也有例外：既有商人、贸易者、海豹猎手、捕鲸者、银行家、企业家、地方官吏、外交官、探险家、殖民者、传教士、士兵和劳工；又有那些想前往大洋彼岸或新

---

① 1英里≈1.609千米。——编者注

大陆追求新的人生的人；还有那些在迁徙途中买卖奢侈品与贵金属，交换新发明、新知识和各种作物，并带来各种疾病和病原体的人；更有那些被迫离开故土的人。长途旅行耗时漫长、花费不菲、依赖天气并且常常危机四伏。举例来说，当时从伦敦坐船前往纽约耗时三到四周，有时甚至更久；从伦敦去往印度则要整整六个月。新闻、信息与信件的传递速度同样缓慢：在陆地上运输依靠人力、马或骆驼，在海上则依靠航船。

然而，在近300年的进程里，大西洋两岸的经济实现了互补。成千上万的欧洲殖民者将糖、咖啡、棉花、靛蓝和水稻带到美洲，他们发动战争，驱逐了美洲的原住民，建起一座座种植园与定居点，引进非洲黑奴和欧洲契约劳工来完成劳役。这些人制造的产品，则搭载在将这些奴隶送往"新世界"的同一艘船上，被送回大西洋彼岸的欧洲与非洲。据估计，在16到19世纪，共有1200万名非洲黑人在极其恶劣的条件下被运往大西洋彼岸。这种强制劳动使整个欧洲富裕起来，历史学家所谓的"大西洋世界"也正是以此为核心。

与此同时，位于亚洲、疆域辽阔的清朝，将丝绸、茶叶、香料、黄金、瓷器、地毯以及其他奢侈品卖给亚洲、中东与欧洲的精英阶层，从中抽取税款，获利颇丰。到1815年，中国的经济总量位居全球第一，红着眼的商人来到中国的港口，买下各式各样的货物，而中国则从中获取巨额利润。欧洲的白银多出产于拉丁美洲，而其中近三分之一最后都流入了中国，用以支付、购买这些奢侈品。

印度洋地区也支撑着一个体量巨大的以贸易为基础的经济体。自16世纪开始，富庶的莫卧儿帝国便一直统治着南亚次大陆，也对这一地区的经济做出了大量的贡献。源自印度的香料、丝绸、纺织品和各种奇珍异品远渡重洋，在世界各地流通。在太平洋海域，波利尼西亚人穿梭在众多岛屿之间，扩张着领土和贸易网络。与此同时，在历史学家所称的"早期现代时期"内（约1500年以后），欧洲的许多王国在美洲、南亚、澳大拉西亚（Australasia）、东印度群岛和非洲沿海地区设立了诸多殖民地前哨站和定居点，由此建立了"蓝水帝国"。所有这些殖民前哨站和航运联系使1815年的世界变成了一个内部相互连接的整体。当时，英欧国家①（其他学者可能称之为"西方世界"）控制着全世界超过35%的土地。中国占据了大约10%，比当时横跨欧亚的

---

① 在这里，我们倾向于使用"英欧"一词，而不是"西方"，因为"西方"可以代表在19世纪过程中所有"西化"的地区（对一些学者来说，其中也包括日本）。我们希望把英语世界（包括美国、英国本土和大英帝国的所有殖民地前哨基地）和欧洲大陆的其他地区及其殖民地区分开来，也同时承认当时的人们将这些地区视为"西方"的观念十分根深蒂固（现在也是如此）。

罗曼诺夫王朝时期的俄国领土略多一点。

当时的世界并不和平安宁。自1789年法国大革命爆发以来，大半个欧洲就陷入了纷争动荡之中。1789—1815年的战争把欧洲带到了经济崩溃的边缘，400余万人因此丧生，战火延烧到了4块大陆（欧洲、美洲、非洲和亚洲）与大西洋上。这些战争导致了拥有数百年历史的神圣罗马帝国（Holy Roman Empire）的解体，使新兴的美利坚合众国获得独立，也使获得自由的奴隶脱离宗主国、在海地（Haiti）建立新的共和国。大英帝国的全球海上霸权，俄国和德国的（陆上）军事霸权以及中国的商业核心地位——虽然中国当时由于地理距离和外交政策，并未干涉这些外国事务——也在此体现得淋漓尽致。

我们的故事开始于1815年，也就是在拿破仑战争（Napoleonic Wars）之后。这个时刻标志着三大重要的和相互依存的事态的发展融合，它们会对未来的整个世界产生深刻影响。这三种事态也就是欧洲列强之间的全面和平协议，世界各海域对于商业和移民的开放，以及源于英国的工业革命向欧洲、美洲和全球的扩张。在此后的一个世纪内，这三件事影响了大多数社群的社会、文化、政治和经济结构，并对地球动植物群和自然环境产生了重大影响。因此在这一时期，英欧国家相较于其他国家而言，其经济、外交和政治实力会有惊人的提升。在1815—1914年，"一战"的爆发也带来了现代性，创造了一个比起前工业化时代的农业社会更令当今的我们熟悉的世界。与以往任何时候相比，全世界的人将会有更加紧密的联系、更加深刻的关联，也会更清楚地意识到彼此之间的内在联系。本书描绘了这些19世纪的变革，我们将之称作"第一个工业全球化时代"。[①]

对于那些熟悉19世纪广泛领域的大量文献的人，一提到"时代"他们便会想起一些学者及其深刻的作品，如埃瑞克·霍布斯鲍姆（Eric Hobsbawm）、威廉·H.麦克尼尔（William H. McNeill）、克里斯托弗·贝利（Christopher Bayly）、理查德·埃文斯（Richard Evans）、保罗·施罗德（Paul Schroeder）、保罗·肯尼迪（Paul Kennedy）、艾瑞克·琼斯（Eric Jones）、于尔根·奥斯特哈默（Jürgen Osterhammel）等。诚然，这一集体性学术研究之深之广，

---

① 历史学家对现代早期是否构成"第一个全球化时代"存在一些争论。"第一次工业革命"和"第一次农业革命"肯定是在这一时期发生的。例如，其他学者就1870年前后是否有"第二次工业革命"展开了辩论。我们选择将19世纪（1815—1918年）描述为"第一个工业全球化时代"，因为正是在这一时期，工业革命的技术革新直接影响并塑造了一个全球互联的世界轮廓。学术界对"全球化"一词在历史上的恰当性也存在着大量争论。

令本书作者受益匪浅；而在如此短的篇幅内，也不能指望本书去涵盖这些篇幅更长、更复杂、更深刻的著作所讨论的每一个主题和涉及的每一个时代。例如，埃瑞克·霍布斯鲍姆就类似的主题写了整整三卷书，每一卷本身即是一个"时代"，分别为《革命时代》（*Age of Revolution, 1789—1848*）、《资本时代》（*Age of Capital, 1848—1875*）和《帝国时代》（*Age of Empire, 1875—1914*）。他的这几本书为本书的论点提供了一个强有力的论证维度。

在其他学者的笔下，本书所谓的"第一个工业全球化时代"完全可以替换成"欧洲的崛起"〔马丁·安德森（Martin Anderson）〕、"西方的崛起"（威廉·H.麦克尼尔）、"现代世界的诞生"（克里斯托弗·贝利）、"大分流"〔彭慕兰（Kenneth Pomeranz）〕、"对权力的追求"（理查德·埃文斯）、"非欧洲世界的消失"（保罗·肯尼迪）、"西方力量的崛起"〔乔纳森·戴利（Jonathan Daly）〕、"世界的转变"（于尔根·奥斯特哈默）、"欧洲奇迹"（艾瑞克·琼斯）和"相互连接的世界"〔艾米莉·罗森伯格（Emily Rosenberg）〕等术语。虽然上述每个作者都分别强调19世纪不同的元素，但是他们都承认，那个世纪的关键在于巩固工业化的进程。

正如我们所看到的，工业革命的力量对于全球化进程至关重要，因为它加速了业已相互连接的世界的变革，把1815年既有的贸易、生产和商业关系转变为一套更强有力的经济和政治关系。工业化进程涉及技术和科学创新的大规模应用，机械劳动取代手工劳动的进程，以及大规模生产的加速。工业革命始于18世纪的英国，并在1815年之后迅速影响到全球。在19世纪，一大批新机器、新材料和新的加工方式被发明并投入使用。19世纪也出现了很多新发明，例如：机车、蒸汽船、铁路线、电报（使信息能够通过有线网络传递）、电力、合成染料、后装步枪、摄影、廉价印刷方法，以及一段时间之后的汽车、电话系统和飞机。工业生产依赖由煤提供动力的工厂，同时也把工人和原材料带入围绕着大城市而发展起来的制造业中心。在加速商品生产的同时，工业化提高了产量，降低了商品的价格，并推动了消费者与雇佣工人阶层的出现与壮大。它也加速了交通和交流，以及人口、货物、资金和思想（相较于以往）的传播与流通。到1914年，一艘蒸汽船从伦敦到纽约仅需花费几天；通过苏伊士运河去往印度的旅程连三周都不需要；电报可以在几分钟之内传送到大洋彼岸。跨国的人员和货物运输变得更快、更便宜、更可靠，也更司空见惯。

当时的工业化本质上是全球化，这也就是本书将19世纪工业时代描述为"全球化时代"的原因。高效的工厂生产仰赖原材料和燃料的稳定供应，而工厂所在地的资源却很少能完全满足生产需求，因此要到世界各地去寻找原材料。这又促使人们在全世界建立庞大的农业种植园、开采矿产，以及开发动物资源。大量的原材料随后被运回千里之外的工业大都市加工成产品，而为这些产品寻找市场同样也是一项全球性的工作。

因此，工业化发展了全球经济，重新定义了货币体系，规范了贸易和汇率，并推动了全球时间观念的标准化。这些工业化的全球要素也依赖于便捷的海上交通、航运路线的延伸、港口的开放、铁路的建设以及电报电缆的普及。到了1900年，世界各地之间的联系前所未有的紧密。到了19世纪末20世纪初，工业化已经触及并影响了世界上每一个社群。

工业化同样是一种帝国主义行为：它依赖于国家的霸权扩张和对其领土、人口和资源的控制。通常而言，本土的大城市负责工业生产，而其余地区则为其提供初级产品，又为这些制成品提供市场。商船通过大海把原材料从殖民地前哨站运往工业大都市，再把加工制品从大都市运到市场。在1815年之后，那些工业化开始得早或进展得快的国家，成为19世纪最大的赢家，他们成功地控制了地球的大部分地区。到1914年，英国、欧洲、美国和日本等世界工业核心支配着全世界84%以上的土地与人口。相比之下，中国在工业化上慢人一步，因此成了其他国家帝国主义扩张的受害者。到1914年，中国的领土规模已经缩减到世界陆地面积的10%以下，而俄国的领土却另有扩张，到达了14%。莫卧儿帝国的工业化进程过于迟缓，因而迅速沦为英国扩张主义和经济剥削的牺牲品。在1858年，南亚大部分地区被纳入了英国的统治之下。

同样重要的是，19世纪的工业实力也建立在对全球经济、商业和通信基础设施的控制和扩展之上。1850年的欧洲已经铺设了长达1.45万英里的铁路；在30年内，这个网络延长至10.17万英里，相当于地球周长的4倍多；到1900年，印度拥有世界第四大的铁路网络，轨道长度超过2.4万英里。跨洋海底电报线路的铺设也是在这一时期完成的，而到了1870年，电报通信网络已遍及全球。在19世纪的海外航运网络中，英国始终占据主导地位。到了1890年，英国船舶的总吨位超过了其余国家的总和。甚至到1910年，也就是美国与德国实现工业化成为海军强国之后，英国依然控制着世界40%的贸易。由于资本主要来自欧洲、美国和日本的工业大城市，因而其他国家的金融也在这些国家的支配之下。到了1914年，40%的海外投资来自英国，其余大半都来自欧洲和美国，在亚洲则主要来自日本。英国的英镑是当时世界的主要贸易货币。

以下的数据清楚地展示了工业化的根本性影响。世界人口在1815—1914年由11亿增加到了18亿。七分之一的人口（大约14%）住在城市中心（相比于1815年只有3%）。随着城市规模的增长，人们在社会、政治和福利层面也面临着新的挑战。或许更令人惊讶的是，大约有1亿人在19世纪远赴重洋，在全新的地方定居并做出全新的事业。这个过程中当然存在着文化融合和文化冲突，但毋庸置疑的是，这些发展影响了各社群的社会构造和政治凝聚力。这样同时也确保了人们对于变化和革新的期待（相对于可预测性和静态而言）成为常态。工业化使这个世界变得更小，更易导览、四处交流，最终也变得更易操控，因为这个世界在1815年之后实现工业化的同时也实现了全球化。正是这个世界工业化的特殊方式，告诉了我们有关全球霸权、全球经济和全球价值观的兴起的诸多信息。

继农业出现之后，工业化是对人类影响最大的事件。工业化的脚步至今也未曾停歇，它一直在塑造着今时今日的世界轮廓。有一些学者把今天这个由电脑、人工智能、卫星通信和社交媒体组成的高度融合的世界称作"第四个工业时代"。

我们当今的高度全球化，很显然就是19世纪的工业化与英欧国家（包括美国）崛起的结果。英语是当今全世界的通用语（lingua franca），因为英国首先完成了工业化，并且最大限度地利用了其优势。在19世纪，英国始终是世界上有史以来最大帝国（几乎统治了全世界24%的土地）。依靠世界上最大海军，英国同样也可以"监控海洋"，并确保英国的贸易能获得相对自由的发展机遇。所以从很多方面来说，19世纪是英国的世纪。

而正是为了复制英国的这些成功经验，欧陆国家和美国在1815年后才迅速加入了工业化的浪潮，虽然用了一整个相对和平的全球化时代才完成了工业化。至少在一开始，工业化是以欧洲为中心的，但不会一直如此。同样的，因为英欧国家主导了工业化的第一波浪潮，它们也进而主宰了世界的经济、政治制度还有许多（尽管不是全部）文化价值观念。随着世界在1815年后变得愈加全球化，不同的国家在贸易、交流，甚至是语言、社会习俗、法律规范、财产权和服装等方面的标准愈加趋同。其中的许多国家都受到了今天所谓"西方文化"的思想和价值观念的影响。由此，"第一个工业全球化时代"的历史也就揭示了为什么时至今日这些西方的规范仍然主导着"第四个工业时代"。其过程当然是充满悲剧性与破坏性的，因为"西方世界"的崛起是以其他许多人和文化的牺牲为代价的。

当时的人不会忘记欧洲在全球实力和工业进步方面的主导地位。在19世纪80年代，中国学者谭嗣同描述了"西化"

和完全融入国际经济、外交体系的利害关系。他十分担心，如果中国不能赶上欧洲、日本和美国的工业化步伐，那么中国有朝一日将不复存在。谭嗣同的话值得引用以供思考：

> 我们（中国人）应当铺设电报线路，建立邮局……提供生活用水，烧电灯和煤气灯以供民众使用。如果能够及时清洁街道，便能够切断瘟疫的根源；如果能够建设更多医院，那么就能提高医疗的质量。应该建设公园，这样民众就能放松休闲，同时也有益于他们的身体健康；应该每七天都有一次假期，这样文职人员和军官能够劳逸结合；应该全面学习所有国家的书面语言和口头语言，以便翻译西方书籍和报纸，由此才能知道周边的国家都在做什么，才能把有能力的人才训练成为外交官……我们应当派人去海外长知识、开眼界、观察其他国家的兴衰优劣，取其精华、去其糟粕。由此，世上便不会有我们造不出来的轮船和武器，也不会有我们改良不了的机械。

谭嗣同担心中国未来有一天会向"西方世界"屈服。他希望中国能够迅速实现现代化，夺回丧失的国际地位与影响力。虽然，中国也走上了"师夷长技""中体西用"的道路（有些学者把这个过程叫作"防御性现代化"）。基于相似的观念，明治时代（Meiji）的日本统治阶级从19世纪70年代开始，开启了快速且非常成功的现代化进程。到了1900年，日本已经被视作大国，是中国的潜在竞争对手，也是越来越多在亚太地区建设贸易港口的欧洲帝国的竞争对手。

中国和日本的例子也告诉我们，19世纪的工业化和全球化不只限于"西方世界"，"西方世界"的霸权地位也不是简单、统一乃至一边倒的进程。现代化有许许多多的方面，也有很多不同的应用、表现和结果。每一个地区同现代化的进程和影响的联系都是不同的。19世纪的现代化进程对于世界各国的影响是多种多样的，但所有这些国家都有一大共同点：他们正在进入一个全球联系越发紧密的国际环境，并与之产生互动。这个环境的主要特征是世界不同区域间的财富与实力差距过于悬殊，工业化的原动力作用则日益显著。

对于19世纪的英欧国家，工业、经济和帝国霸权的崛起成了它们自吹自擂、自命不凡的源头，也赋予其一些种族优越性的暗示。欧洲白人要比其他所有人种都要高级（也更"开化"）的想法，在当时英欧国家人的文化观念中根深蒂固。从1904年伦敦皇家地理学会教授哈尔福德·J.麦金德（Halford J. Mackinder）的一次学术演讲中，就可以看出这种种族观念的盛行。在他题为"历史的地理枢纽"的研讨会上，麦金德教授认为，在哥伦布"发现"美洲大陆的400年后，哥伦布的时代终于走到了尽头。到1900年，地球上几乎没有任何地方未被"文明"的力量所开发或利用。也就是说，全球没有任何地方不曾受到欧洲人影响。他们通过高级的技术、工业化手段和征服的欲望，取代了他们口中的非欧洲社群中的"未知的空间和野蛮的混乱"。根据麦金德的说法，20世纪初，世界的社会经济统一性特点已然显现，而它则是由工业化的欧洲中心地带所支配和主导的。在麦金德看来，正是因为欧洲人曾经征服了世界的大部分地区，所以全球现在得以作为一个有机体运作。人们通过铁路、蒸汽机、新闻、电报线路、货币的交换和人员的快速流动将彼此联系起来。

麦金德是当时欧洲学者的典型代表。他对欧洲文明的进步性和教化性深信不疑，并且对其他的社会及其价值观和影响嗤之以鼻，甚至将其斥为蛮夷和野人。他也是一位非常有影响力的学者，曾被任命为伦敦政治经济学院的第一任院长，是地缘政治学这一学术领域的创始人。他通过地理因素研究国际关系和权力态势。但今天，很少有学者接受麦金德狭隘的欧洲中心主义的全球史观。最近，为了还原19世纪人类社会一系列的多样性和深刻性，历史学家做了大量工作。这些历史学家还记录了19世纪的工业化进程对全球社会的破坏与颠覆。例如，玛丽莲·雷克（Marilyn Lake）和亨利·雷诺兹（Henry Reynolds）认为，19世纪对于确立"白人"对世界各国文化的主导地位而言十分重要。19世纪的工业全球化并不是一个良性或善意的过程，它涉及大量的暴力、文化互渗和适应。

与现在人们的观点恰恰相反，当麦金德等人考虑到英欧民族、他们的价值观和帝国的迅速扩张时，他们主要看到的是自己在推动"开化"进程时所取得的进步与成功。他们认为"进步"的标志是科学和技术发明、人口的快速增长、医学的飞速进步、工业生产和军事力量的扩张、全球经济的兴起，以及欧洲对世界大部分地区的统治权的不断扩大。如果他们知道，其行为结果会给当今世界留下不可磨灭的遗产，这些人无疑会更加坚定自己的信念，因为任何能够延续这么久的东西一定是"好"的。当然，对于科学和技术改善生活的力量也值得细谈。但是，创造这种19世纪形式的"文明"需要付出巨大的代价，不仅对于欧洲之外的社群和文化，而且对于环境与全球动植物而言也是如此。换言之，当时所谓的"进步"只是"某些人的进步"，从不是"所有人的进步"，甚至都算不上是"多数人的进步"。

然而，英欧国家的惊人崛起确实改变了19世纪的世界，这一点麦金德并没有说错。我们今天所认为的"第一世界"和"第三世界"（有时也被描述为"北方世界"和"南方世界"）的起源都可以在19世纪找到。本书试图回答与麦金德在1914年所提出的相同类型的问题，即世界如何以及为什么在19世纪变得更加全球化？1815年后在英欧世界（包括美国）掀起的工业革命，是如何扩大移民和贸易网络，并改变了全球社会政治和经济关系的，为什么要这么做？英欧体系和文化价值观是如何以及为什么会在19世纪至20世纪初的全球空间中占据主导地位？

与麦金德一样，我们将从地缘政治的角度出发来进行解释。与他不同的是，我们并不强调欧洲文化所谓的优越性，也不认为对当时的人来说，这些欧洲的价值观念就是唯一重要的。我们的关注重点在于工业化是一个始于欧洲的全球化进程，并利用这一进程来解释英欧世界如何以及为何能够主宰国际环境。在本书中，我们承认工业化在走向全球的过程中，既创造又毁灭，既造就了新的赢家和许多输家，又改变了国际权力关系。那么本书可以从许多层面视作西奥多·H.冯劳尔于1987年发表的题为《西方化的世界革命：国际权力关系的转变》（*The World Revolution of Westernization: The Twentieth Century in Global Perspective*）的研究的"前传"，因为本书强调了，19世纪的地缘政治和经济力量是如何驱动

"西方世界"改变其他国家的文化和政治的。

我们的故事从地缘政治开始。1815年的维也纳会议宣告了拿破仑战争的结束，它确立了一系列原则和做法，其对于推动工业全球化的地缘政治秩序至关重要。欧洲各大势力在维也纳签订了契约，其首要目的是维护各国君主的统治，以抵御美国独立战争（1775—1783年）和法国大革命（1789年）之后肆虐于欧洲和美洲的革命力量。在保护这些君主国免受国内威胁的同时，列强也意识到，国际关系亟须稳定。战争是危险的、昂贵的和具有破坏性的；防止下一个拿破仑的崛起也是极为重要的。因此，在维也纳达成的条约重绘了欧洲及其帝国的"版图"，在它们之间平衡权力，建立缓冲区以防止冲突和危机，并确定了避免战争的原则。在此过程中，维也纳的"设计师"们建立了后世历史学家所称的"大会制度"或"同盟体系"；其本质是一项协议，即大国对国际体系的稳定和世界的普遍和平负责。虽然在1815年之后的一个世纪里，欧洲也有战争，但在此后欧洲战役中的死亡人数是18世纪死亡人数的七分之一。

为了遏制欧洲内部的潜在冲突，维也纳会议的设计者在大国之间设立了缓冲区。他们甚至将其中一些缓冲区中立化，包括瑞士、波兰和（后来的）比利时，以期消除为了这些缓冲区而开战的理由。随着时间推移，中立的作用日渐显著。欧洲的强国和弱国在其他国家开战时都保持中立，以保护其经济、帝国和外交政策利益。中立有助于工业化，因为通过避免与其他国家发生战争，中立国规避了与世界经济脱轨的风险。对于19世纪的大多数政府来说，战争代价高昂，而中立则不会。由此，"第一个工业全球化时代"不仅是"帝国时代"和"革命时代"，同时也是"中立时代"。1914年第一次世界大战的爆发打断了这个"中立时代"，也宣告着"第一个工业全球化时代"的终结。

由此，本书解释了始于1815年的大国协议和实践是如何使工业革命走向全球的。当欧洲国家不再专注于大陆上的竞争对手时，就可以重新分配人口和资源，集中精力开展帝国主义与商业扩张。正因如此，在维也纳会议之后，英国的工业化使英国在全球经济中具有明显的优势。在认识到这些优势的同时，其他国家的人民和政府也在试图模仿英国。维也纳的和平协议使英欧世界的人民在工业全球化中占据主导地位。昔日的"大西洋世界"没有了爆发全面战争的危险，于是这些大国可以致力于全球扩张，乃至不惜采用军事手段。欧洲战争被视作危险的和应当避免的，而对非欧洲国家的战争（包括正式和非正式的）则有利于帝国扩张，因此往往被视作必要的。换言之，国内的和平使工业帝国主义在国外蓬勃发展。或者，正如英国记者W.T.施戴德（W.T.Stead）在19

世纪90年代所解释的那样，在英欧国家内传播"文明"要依靠和平、稳定与繁荣的理念，而对于欧洲之外的文明或人民则常常要借助暴力与镇压。

然而，这并不是说19世纪的工业化进程推翻了此前社会原来所有的运行方式，更不是说到了20世纪初，大多数人都生活在不断扩张的工业城市里。历史学家阿诺·迈尔（Arno Mayer）指出，社会和文化连续性将前工业化时代与1900年的世界联系起来（尽管他可能夸大了其对"一战"爆发的推动作用）。非欧洲世界和原住民社群的历史学家也强调，当地文化仍然主导着人们的信仰体系和优先考虑事项。数亿人继续生活在未实现工业化的农业社会中，甚至在处于工业化中心地带的欧洲也是如此。很难改变的是，绝大多数人生活在这样或那样的君主国里。但这些现实丝毫不影响这样一个事实：在20世纪初，工业革命的触角往往因激烈的帝国竞争而得到延展，伸向每一个与不断增长的全球商业网络、移民和通信网络相连的社区。这些网络包括所有的海港，所有那些不断增长的跨越整个大陆的铁路路线的站点，还有那些铺设有电报的地方，几乎覆盖了全球各地。

本书使用地缘政治学的框架（这个概念是麦金德在1904年提出的）来描述19世纪的工业全球化进程的作用。地缘政治学也解释了，为什么在第一次世界大战于1918年正式结束时，"第一个工业全球化时代"也由此告终。那场战争打破了自1815年以来主导国际外交体系的原则。1914年7月在欧洲开始的这场战争，将全球各大工业帝国拉进了旋涡，几乎没有国家（无论是欧洲国家还是非欧洲国家）能从这场冲突中逃脱。第一次世界大战摧毁了全球经济，数千万人因此丧生，数百万人流离失所，更多的人则死于随后的内战。四个在1815年国际体系的建立和运作中发挥重要作用的帝国（即俄国、奥匈帝国、德国/普鲁士和奥斯曼帝国）在战争中崩溃瓦解，另外两个大国（英国和法国）的实力则被大大削弱。只有迅速崛起的工业强国——美国和日本从这场大变革中受益。而这两国之所以能受益，部分原因是前者以中立国的身份长期置身于战争之外，后者对抗的则是德国在亚洲–太平洋地区薄弱的前哨基地，战争投入较少。在这个意义上，这两个国家都是19世纪国际体系核心政策的成功践行者。

1917年，随着美国以协约国的身份加入战争，一个新的"第二个工业全球化时代"开始出现。而激进的布尔什维克党人在俄国取得了惊人的成功。他们声称要为全世界的工农阶级提供一个不同于帝国主义、资本主义和民族主义的未来。1917年俄国爆发革命，并于1918年退出"一战"，这标志着其与罗曼诺夫家族在1815年帮助建立的国际体系一刀两断。1918年，美国军队首次出现在西线战场，这标志着美国与欧洲列强自1815年以来所主导的体系再次决裂。这两个行动共同开启了"短暂"的20世纪的"第二个工业全球化时代"。美国和苏联等超级大国在其中发挥了主导作用。随着苏联的解体和冷战的结束，"第二个工业全球化时代"在1991年结束。

在对1815—1918年的历史进行阶段划分时，本书利用了两种类型的分类方法：国际历史学家"自上而下"的分类方法（他们关注国家、国家治理、国际关系和精英阶层，以及维持国家运作和支撑政权的经济和文化体系），以及社会经济和文化历史学家"自下而上"的分类方法（他们关注社会中的个人、群体和各种社群，因为后者定义和展示自己，并与政府和精英们的权力结构互动和影响）。在解释定义19世纪的发展轨迹时，传统的国际历史学家优先考虑解释国家及其领导人的决定，特别是思考他们如何、为何参战，如何管理国际危机，以及如何处理或塑造国际外交体系。[①]19世纪的国际史一般始于1815年，这是一段关于在维也纳建立的旨在维持和平与稳定的（欧洲）"同盟体系"的历史，该体系在1914年随着国际社会的发展而最终解体。我们可以将这种

---

① 关于什么是"新国际历史"，学术界有一些争论。它的分析对象远远超出了国家、政府和统治精英等主题。

类型的历史叙事描述为"从战争到战争"，它将外交危机事件放在首位，并主要关注国家和全球势力的变化。

社会经济和文化史学家往往对国际历史学家持批判态度。与此相反，他们更倾向于从社会政治权力的转移和文化观念的角度对历史进行解释，并弱化国家在其分析中的作用。他们往往从1789年的法国革命开始叙述19世纪，并且强调思想和身份在解释权力动态变化中的重要性。19世纪的社会史不会是"从战争到战争"的历史；相反，他们更关注革命这一概念，根本性的社会变革，以及在争夺社会、政治和经济权力的斗争中随之而来的暴力。他们在叙述这段历史时强调代表和身份，并将19世纪归类为一个发生巨大动荡的世纪，同时也促进了现代世界的形成。正如传统的国际历史学家很少会阐释外交发展的社会和文化影响一样，社会经济和文化史学家也很少从国际外交体系的角度解释19世纪的权力转移。即使是克里斯托弗·贝利在2004年出版的惊人之作《现代世界的诞生》（*The Birth of the Modern World*），这本书也几乎没有提到1815年在欧洲诞生的维也纳会议或国际体系，尽管它使英欧的工业化和现代化进程得以成功。

从我们的角度来看，如果不能理解政治外交权力体系所发挥的作用，就无法解释1815年后出现的第一个工业全球化时代。同样，如果不能认识到世界各地的工业化进程所带来的社会经济、政治和文化的根本性影响，就不可能正确地解释这个时代的重要性。为此，以下九章对不同的历史研究方法进行了综合分析，不仅从政治和外交方面，也从社会、经济、环境、知识和文化方面进行了分析。就像优秀的历史学家S.A.M.阿德塞德（S. A. M. Adshead）一样，我们优先考虑以机构和网络的崛起为重点的解释，这些机构和网络将全球各地的人们联系在一起，并与他们的日常生活融为一体。

最重要的是，以下9章介绍了19世纪的历史；在此时期，人与人之间的互动，在每一个层面上都发生了根本性的改变。19世纪的工业化进程波及了世界每一个角落。当然，有些群体受到的影响比其他群体更强烈，但哪怕是那些生活在亚马孙丛林或今天的巴布亚新几内亚的隐居者也受到了19世纪工业化带来的环境变化的影响。因此，本书是一部关于冲突的历史，既有新旧事物相遇时发生的物质、情感和观念上的冲突，也有个体、群体、国家在面临工业化的诸多表现形式时所产生的冲突。

因此，这本书也是一部充满矛盾和悖论的历史类图书。工业化为所有被其波及的社会带来了快速的变化。有些变化是精心设计的，有些变化则"纯属意外"。当然，凡有变化，必定会有受益者与受害者、接受者与抵制者。因此，工业全球化的故事是一个有输有赢的故事，也是一部关于"统一"和"分裂"力量的历史。一方面,在这个世纪中,组织社区和组织国家的普遍方式得到建立,规范社区和国家内外关系和政治价值观的规则得到制定,乃至出现了共同的"起居规范"(如何着装、吃饭、生活和思考)。另一方面,19世纪文化和社群之间的互动增加了二者之间的差异感,有时会诱发冲突和对身份和权利的激进主张。

例如,到1900年,"民族主义"的政治思想开始主导人们对身份认同和政治忠诚的思考。民族主义既是一个统一的理想(为来自不同社会经济背景的个体建立共同的身份认同),也是一个带有挑衅意味和分裂作用的概念;它使不同民族和种族群体相互对立,或使后者反对其所附属依存的更大一级的帝国。民族主义是19世纪最重要的政治概念之一。它也决定了20世纪全球权力的发展轨迹。

但民族主义并不是19世纪出现的唯一重要政治概念。它是帝国主义思想的对手,常常还是"国际主义"理念的盟军。国际主义是一个具有众多变体的模糊概念:有自由派国际主义者、马克思主义和社会主义国际主义者、费边国际主义者(Fabian internationalists)、宗教国际主义者,等等。所有的国际主义者都有一个共同点,即他们关注个体之间的相互联系以及对超越国家(和帝国)的普世人性的主张。与民族主义一样,国际主义也塑造了20世纪世界的轮廓,包括推动了两项同等重要的全球性原则：人道主义和人权。民族主义和国际主义在很大程度上是相互依存的概念，两者都是19世纪全球化加剧的产物。

本书的其余部分是围绕一些关键议题而组织的。每一章都集中在一个中心主题上，从而描述19世纪工业化进程中的全球发展概况。第2章始于讨论地缘政治学说的重要性，以此理解1815年后英欧力量在全球范围内的崛起。第3章将地缘政治与经济相联系，并阐释英欧外交体系的稳定如何使列强能够征服海洋，并使工业化国家能够迅速地在全球扩张。在此过程中，第3章将19世纪的帝国主义描述为一个工业化过程，并展示了那些成功实现工业化的帝国，将如何在国际环境中占据经济、外交与军事上的主导地位。

第4章讨论了全球基础设施的发展，使资金、货物、人员和思想能够相对开放和便捷地流动。这一章既讨论了物质环境的变化（如铁路线的建设、电报线路的铺设和沟通大洋的运河的开凿），也讨论了概念上的变化（包括时间、货币和科学价值的标准化，以及规范国家和公司行为的国际规则）。它强调了识字率上升、书面文件、报纸和政府官僚机构的发展的重要性，由此政府才能了解人民，跟踪掌握其财富和思想。第4章还展示了英欧标准在主导全球化的物质和概念方面的基础设施时，如何占据了压倒性的优势。

第5章转而描绘全球化之下的人类面貌，描述了19世纪人类在地球上的大规模迁移，并将其与"正式和非正式"的帝国网络的扩张联系起来。全球化和帝国主义同样建立在大量的暴力和破坏之上。第6章探讨了工业全球化对环境的影响。它使众多物种濒临灭绝，破坏了许多动植物的栖息地与生态系统，并动摇了许多社会的稳定。第7章讨论了战争在19世纪所起到的作用，并特别关注在工业化帝国内部和各国之间开展的军事行动。这些战争不仅表明，工业化能使这些大国在军事和技术上超越对手，而且还凸显了外交克制和规避战争在帮助这些国家专注于自身发展的方面所能起到的作用。

第8章集中讨论了19世纪全球化背景下的各种思想，并强调了其中最重要的一些思想，及其对当时的人审视自身以及国际地位的方式的影响。它强调了工业化、全球互联和全球资本主义发展对推进族群民族主义、社会主义、自由主义、无政府主义、反殖民主义、种族分化、阶级意识、国际主义、社会保守主义、民主、妇女权利等思想的重要性。这一章既提及了那些帮助稳定工业帝国统治的思想，又提及了那些挑战、批判并破坏其统治的思想。由此，这一章强调了创造"国际"并将其作为社会政治的舞台，在19世纪有多么重要。到了20世纪初，地缘政治领域出现了新的挑战，其中许多挑战导致了第一次世界大战的发生。

第9章讨论了"一战"在世界各国中的起源，其中描述了自1815年以来主导全球关系的外交体系的崩溃。1914—1918年，这些建立了该体系并从中受益最多的欧洲大国，也一手将其带向彻底的灾难性结局。第10章则是对"一战"的概述，这是一场世界性的战争，重塑了地缘战略和地缘政治的力量平衡态势，结束了冲突不断的"第一个工业全球化时代"，并引出了下一个充满冲突的世纪。

我们绝不会将这本书看作19世纪的通史。然而，我们确实希望它能为读者提供一个实际的出发点，以此思考这个关键性世纪的轮廓，因为我们今天所生活的世界，很大程度上是19世纪所塑造的。

第2章 协约与束缚：国际外交体系，1815—1856年

历史学家在围绕某些议题划分年代时，很少有人觉得自己会被历法年所束缚。19世纪对他们来说几乎从来不意味着从1800年到1900年，从哪里开始到哪里结束在很大程度上取决于他们对关键事件及其发展之间的关联性的判断。本书的年代划分也不例外。本书中，漫长的"19世纪"是从1815年开始的，而其他学者经常将1789年（法国革命）甚或1776年[美国《独立宣言》（*The Declaration of Independence*）的颁布]作为起点。当然，在这两个时间点，都出现了历史性的重大突破，并带来了新的动力去推动19世纪工业化和全球化。但我们关注的重点是1815年，这一年，作为法国革命成果的拿破仑战争爆发了，也在这一年完全结束；1812年的战争也是如此。这一年，美国和英国之间为控制跨越大西洋的贸易而进行的战争逐渐平息。1815年，近30年的国家间的冲突与动荡慢慢平息。欧洲人眼里的"早期现代"也是伴随着这些战争的结束而结束。现在，欧洲、英国和美国期待着在国内外重建安全稳定的环境。

1775—1815年，欧洲人和美国人打的战争具有决定性意义。在成功建立美利坚合众国的过程中，美国独立战争是针对英国王室进行的，使共和主义理想和相关革命行动在全世界合法化。这场战争当然也激励了1789年的法国革命者，使他们成功地推翻了法国君主专制的政体（代价是法国国王和王后的脑袋），建立了法兰西共和国，并使这一新生共和国的军队与欧洲其他君主（他们希望恢复波旁家族在法国的王位，并防止在他们自己的土地上发生革命）之间爆发了一系列的战争。1799年，法国将军拿破仑·波拿巴（Napoleon Bonaparte）在非洲北部和欧洲的战役中取得一系列胜利归来之后，自封为法国执政官。1804年，拿破仑宣布自己为皇帝。此时，拿破仑领导下的法国统治了欧洲大陆的大部分地区。1806年，拿破仑使拥有数百年历史的神圣罗马帝国瓦解。1812年，拿破仑在针对俄国的灾难性军事行动中受挫，并在欧洲战场上的一系列战役中失败。此后，一个由欧洲军队组成的联盟入侵法国并于1814年攻占巴黎。拿破仑宣布退位，并被流放到地中海的厄尔巴岛（Elba）上。

在1789年法国革命之后，全球爆发了一系列战争。1792—1814年，欧洲、南亚、美洲、北非、南非、东南亚、中东和大西洋等地都开展了军事行动。争取独立的革命战争也在加勒比和南美大陆展开。这些混战共造成400多万人丧生。英国对法国的海军战役导致了双方旷日持久的经济战争，这也导致在1805年的特拉法尔加海战后，通往欧洲大陆港口的海外贸易受到严重干扰。这些战役破坏了欧洲经济，并对大西洋世界的三角贸易体系产生了深远影响，同时也扰乱了美国作为新兴国家的经济事务。1812年，美国向英国宣战来回应英国的一系列行为，例如限制性的战时贸易政策、扣押美国商船上的货物、强迫美国水手在英国船只上服役，以及让英国控制下的加拿大的原住民对美国领土进行突袭。在双方都认识到无论哪一边都不可能取得胜利之后，战争于1815年2月最终结束。

总的来说，1792—1815年的战争破坏了欧洲的经济，严重影响了美国的经济安全，并将大西洋和地中海变成了战区。一方面，对于欧洲人和许多美洲人来说，这是一个毁灭性的战争时代。另一方面，中国却从这些遥远的军事冲突中获得了好处。在18世纪，中国受益于两位在位持久且长寿的皇帝的有效统治，确保了政治稳定。中国的经济在亚洲地区占主导地位且它的许多商品在全世界都有市场。伟大的俄国将军亚历山大·苏沃洛夫（Alexander Suvorov）甚至在骑马与法国军队作战时穿上了中国丝绸。当这些遥远的战争的余震靠近中国海岸时——例如，当英国船只在1812年战争中拦截美国船只时，清朝统治者注意了到这些"小国"之间的"小打小闹"，警告说，如果再这样继续吵闹下去，中国将摧毁外国军舰并减少对外贸易。尽管中国的变革在即，但在1815年，中国是世界上最富有的帝国，部分原因是它没有在战争和革命中受到破坏。

然而，在1815年之后，清朝无法维持其在商业上的优越地位。在20年后，它将被新兴的工业"蓝水帝国"所超越，英国是其中最强大、最大、最富有和最具影响力的国家。欧洲列强和美国希望通过在彼此之间建立和平关系，使英欧国家的工业、经济、军事和帝国力量得以崛起，代价就是牺牲世界上所有其他地区的利益，包括中国。在整个19世纪中，这些西方国家从国际外交和平中获益，而这些却是中国（以及莫卧儿等其他国家）所不曾享有的。

1814年，欧洲的许多王国、侯国和独立城市的代表在奥地利首都维也纳举行了一场盛大的外交盛宴。在觥筹交错之间，来自哈布斯堡家族的奥地利皇帝弗朗西斯一世（Francis Ⅰ）的统治濒临破产。这些外交官和领导人所关心的主要问题是如何重建欧洲秩序以保所有人的稳定。拿破仑统治下的法国的崩溃使大多数欧洲国家的社会、经济和外交结构解体，而在1789年后幸存下来的贵族们很快就再次宣称对他们祖传的土地拥有主权。欧洲的版图将如何重新构建？各方势力都蠢蠢欲动，欲伺机而夺。

然而，在1814年和1815年就维也纳解决方案进行谈判的人们也意识到，他们不可能假装美国和法国就像没有发生革命一样，泰然自若地去处理他们的王朝事务。防止另一场反对君主制的革命运动发生的唯一方法，就是调解王朝之间相互冲突的利益诉求，并联合起来镇压国内的动乱。进行妥协（而非争夺霸权）是当务之急。1815年3月20日，拿破仑从流放地返回巴黎，并重新自称为法国皇帝。这种大国合作的重要性就在此尽数体现了。欧洲各国的君主拼尽全力在滑铁卢战役中击败了拿破仑的军队，结束了拿破仑的百天统治。[1]滑铁卢战役之后，欧洲的持续和平成为当务之急：不允许新的"拿破仑"上台并统治欧洲。此外，革命的动力可能来自底层（人民），重新建立的君主国和帝国的"统治权"仍会受到挑战。这种（反对）力量也需要被镇压。

当时，1815年签署的《维也纳条约》（*Treaty of Vienna*）是一个较保守的协议。它的目的在于重新将权力纳入旧秩序的管辖中（这也是一些历史学家将1815—1848年描述为"复辟时代"的原因）。但是撰写《维也纳条约》的领导人既向后看，也向前看。他们的目的是维护自己的统治权免受革命势力的破坏，也试图通过与其他君主国结盟（这是新的做法）来保持其政权的稳定性。在变革与革命运动随时会再次发生的背景下，最佳方式是建立维护（君主）集体安

---

① 这实际上持续了110天。滑铁卢战役后，拿破仑被流放到圣赫勒拿岛（Saint Helena），一个位于大西洋中央的小岛。

全的原则，以避免君主之间爆发战争。他们非常清楚地知道只要时机成熟，就有爆发革命的危险（这就是为什么许多历史学家将1815—1848年称为持续的"革命时代"）。

历史学家保罗·施罗德将《维也纳条约》描述为有史以来最成功的和平条约，很大程度上是因为该条约在1815年确立的原则塑造了此后一个世纪的国际外交体系的框架，并确保了在"一战"之前大国之间没有发生全面战争。虽然人们对于《维也纳条约》的条款在1815—1914年有不同程度的争议，但在维也纳确立的大部分原则都起到了显著的、持久的作用。

那么这些原则是什么呢？第一，订立《维也纳条约》的目的是恢复欧洲的君主权力。这意味着，在1815年之后，大多数欧洲国家由一个君主或贵族家庭统治，包括法国。在法国，路易十八（被处死的路易十六的弟弟）曾经掌权。第二，欧洲版图被重新调整，贵族们拿回了祖上传下来的土地，甚至法国的版图也几乎恢复到了革命前的边界。然而，当君主之间就土地所有权问题产生争议时，或者当占据某块领土会使某一个国家相较其周边各国占据巨大优势时，各方通常会采取妥协的解决办法。因此，《维也纳条约》的第三个也是最重要的（原则）基础是，没有一个国家可以像拿破仑时期的法国那样主宰整个欧洲大陆。君主们同意他们之间应该存在权力的制衡，并商定了一系列的原则来实现该目标。在《维也纳条约》订立之后发展起来的外交体系总是被称为（欧洲）"同盟体系"或"大会制度"。它的目标是通过妥协、谈判来集体商议解决方案，而不是进行单边或双边决策。

"大会制度"之所以有效，是因为欧洲列强制定的妥协方案是有效的，它们取决于欧洲各国政府（特别是俄国、英国、奥地利、普鲁士和法国等）通过谈判解决国际危机的意愿的多寡。历史学家赫德利·布尔（Hedley Bull）将这种妥协的意愿描述为"监护责任"：如果列强能够共同处理每一个外交危机——无论大小，那么就可以避免战争和革命，以及维持局面的稳定。欧洲能否复兴主要取决于能不能避免革命和战争的爆发。人民可能会通过革命推翻君主制，而战争会造成不安全感，从而导致人民造反。

维也纳会议上确立的关键原则，之所以能避免敌对的欧洲国家之间爆发战争，主要是因为这些原则推动了缓冲国和独立城市的建立。神圣罗马帝国并没有在此之后重新建立，哈布斯堡家族统治的奥地利帝国、普鲁士王国，以及其他37个独立的邦国，都有自己的统治者。所有这些邦国（但不包括哈布斯堡家族治下的"非德领土"）都被松散地集合在一个"德意志联邦"中，它没有主权国家所应具有的权力（不能参战），但其代表定期举行会议，讨论共同的政策和目标，特别是经济目标。实际上，这37个较小的独立邦国平衡了普鲁士和奥地利之间的竞争关系。同时，它们还在普鲁士和法国之间起到了有效的地缘战略缓冲作用。在东欧，克拉科夫这一独立城市的建立旨在平衡俄国人、普鲁士人和奥地利哈布斯堡家族对该城市的领土诉求。因为他们都想要这个城市，而且不能容忍任何一个对手对其进行掌控，所以他们都同意赋予克拉科夫独立地位。

为了进一步平衡各方势力，关键的缓冲区也被中立化。这意味着，这些领土被认为是不允许被攻占的。在其他大国不向中立国提供援助的情况下，任何国家都不得攻击一个中立国。瑞士就是因为这个原因在1815年被中立化。瑞士位于欧洲的中心地带，瑞士境内众多地区在文化和历史上都与欧洲各君主国有不同程度的从属关系，这将是一个潜在冲突的诱因。为了避免因谁控制瑞士某地而爆发战争，瑞士联邦应运而生，它将瑞士境内各个地区聚集在一起，防止任何其他国家与瑞士人发生战争。反过来，瑞士也不能与其他欧洲国家开战。为了保护克拉科夫不受其强大邻国的野心影响，它也以类似的方式被中立化。

当时，召开维也纳会议的目的一是阻止欧洲的君主们彼此开战，二是确立有助于他们维持欧洲和平的原则。在1815年后，以欧洲大会和大使级会议的形式进行的多边谈判成为常态，特别是在外交局势高度紧张的时刻（比如，当战争威胁到两个欧洲国家时）。在1815年后的欧洲，中立和中立化在欧洲外交事务中占据了重要地位。因此，在1815年之后，虽然欧洲各国政府可以选择参战，但他们往往选择不这样做，而是选择通过外交手段解决争端。此外，当欧洲确实发生战争时（在整个19世纪，战争时断时续），大多数其他欧洲国家会宣布中立，而不是参战。所以，中立（选择不参战）和中立化（一个国家的长期中立）是保护"大会制度"原则的关键机制。

但是，不仅仅是欧洲列强承诺采取避免战争和维护集体安全的外交政策。在1815年之后，美国政府也决定在欧洲事务中采取长期的中立立场，他们将专注于守护自己的"影响范围"。在1823年，美国总统詹姆斯·门罗（James Monroe）将其定义为南、北美洲大陆及其周边水域，包括加勒比海。门罗担心欧洲对美洲进行干涉，希望他自己对美国权利的坚守能够保护美国的利益。门罗主义有效地在1917年之前阻止了美国与欧洲大国开战（在第一次世界大战期间，美国对德国和奥匈帝国宣战），尽管1898年时美国在古巴和菲律宾与西班牙交战，并在19世纪40年代对得克萨斯的墨西哥人发动了战争。

随着美国在1815年恢复中立（最初在1793年宣布中

立），大西洋也恢复了和平。欧洲人和美国人可以专注于跨越大陆和海洋的帝国霸权事业，同时也推进了工业化进程和经济实力的扩张（见第3章）。欧洲和整个大西洋世界的普遍和平有效地保护了他们作为一个集体在19世纪的全球实力的提升。换句话说，虽然维也纳会议的原则明显是以欧洲为中心的，但也在全球范围内也有许多衍生的影响。

维也纳会议不仅重新调整了欧洲国家各自的边界，而且还对欧洲列强手中的海外殖民地进行了重新调配。英国是这些帝国赌注中的最大赢家，它获得了马耳他、毛里求斯、加勒比海的圣卢西亚、圭亚那、特立尼达和多巴哥等岛屿以及开普殖民地。不仅如此，它还将权力扩展到锡兰岛（斯里兰卡）。鉴于其在海军方面的优势，英国成为超级大国地位所需要的要素在1815年便已基本确立。然而，从许多英国人的角度来看，尽管获得了这些新的殖民地，英国于1783年失去北美殖民地的损失也无法得到弥补。

对当时的许多人来说，欧洲帝国的时代似乎在1815年已经结束了。拉丁美洲的殖民地（其中大部分由葡萄牙或西班牙统治）人民在拿破仑时代展开了长期的军事活动和政治运动，并且马上就要取得独立，这一切正如美国在1776年所做的那样。经过多年的暴力抵抗（主力是反叛的非洲奴隶），法国在1804年承认海地是一个独立的国家。巴西在1825年摆脱葡萄牙的统治获得独立，阿根廷在1816年终于摆脱了西班牙的控制，委内瑞拉和墨西哥在1821年实现了独立，厄瓜多尔在1822年、玻利维亚在1824年、乌拉圭在1828年分别实现了独立。事实上，其他欧洲大国在镇压这些反帝运动的战争中几乎没有帮助过法国、西班牙或葡萄牙，这表明它们是多么重视欧洲大陆上的稳定。在1815年，进行海外扩张似乎是一项繁重而危险的工作，因为这样做会消耗军事和经济资源。

然而，正如第3章所述，随着海洋的重新开放，1815年后，一个新的帝国时代将发展起来。这使人员（定居者、士兵、水手、传教士和殖民地官员），金钱，货物和思想在世界各地流动。欧洲的相对和平和"大会制度"的原则使以上这些流通成为可能：大国之间的外交克制、中立态度和避免发生战争的努力。在19世纪，欧洲的工业化大国（19世纪后期，美国和日本紧随其后）之所以能蓬勃发展，在很大程度上是因为它们能够把他们的经济、军事和文化力量向外投射：获得新的领土，声称对其他领土拥有主权，并在全球范围内扩大贸易和投资网络。因为他们觉得"在自己的国土上"相对安全，这样一来，他们可以专注于实现其在全球范围内的经济和帝国目标。

因此，19世纪成为英欧扩张主义的世纪，实现了工业化的帝国在欧洲、北美和世界其他地区的发展增速惊人。此

　　　　　　　　万国争先：第一次工业全球化

外，由于1815年后欧洲国家之间发生战争的机会减少，较小的欧洲弱国也感到将自己作为长期中立国是足够安全的，这就使他们能够专注于发展工业化，甚至扩展自己的"蓝水帝国"。由于在此期间世界海域相对安全，一个巨大的（各国之间）相互依存的国际经济体系在欧洲和美国之间形成。这一国际经济体系由工业化国家主导，他们的经济实力也为大国发展军事和外交力量提供了支持，这些力量继续主导着国际体系。在整个19世纪，实现工业化较早或较快的几个大国就是赢家，而其他国家几乎都是输家。

当然，这并不是说"同盟体系"总是有效，也不是说欧洲实际上是一个政治稳定或和平的地方。事实上，许多历史学家称1815—1848年为"革命时代"，这说明当时欧洲大陆内外各君主国的政治权力是多么不稳固。维也纳会议的"复辟"原则在1815年后受到了"来自下层"的反复攻击。尽管他们精心策划，维持自己对帝国的控制，但恢复欧洲君主的全部权力比维也纳的外交官们想象的要难得多。在整个"复辟时代"的危机中，"大会制度"的最大成功之处在于使欧洲列强有能力避免全面战争的发生。即使在1848年（动荡的革命期间），欧洲的君主们也承认他们对"同盟体系"的相互依赖：外交克制、避免战争、保持中立和扼制欧洲的霸权主义。这些原则也确保了即使是在1853—1856年的克里米亚战争期间，俄国与法国、英国、撒丁岛和奥斯曼帝国组成的联盟进行对抗，但各国在军事上和经济上也还都保持了本土化（见下文）。

同样重要的是要认识到，在维也纳建立的基于妥协的和平秩序是不稳定的，主要是因为欧洲的君主们并没有长期合作的传统。尽管在1815年大家都认可存在一个需要共同为之努力的事业（防止革命和另一个拿破仑的崛起），但欧洲君主之间原先存在的矛盾根深蒂固。一些矛盾与长期存在的宗教仇恨有关，另一些则与经济和地缘战略竞争有关，还有一些则与不同的统治体系有关。总的来说，英国人以他们的议会政治制度为荣。尽管它只给了一小部分拥有土地的人投票权，但也使他们不愿意支持俄国沙皇、奥地利皇帝、普鲁士国王或奥斯曼帝国的苏丹的专制统治。英国的议会政治模式在一定程度上解释了为什么英国没有加入沙皇亚历山大一世（Alexander I）于1815年在维也纳建立的"神圣联盟"，因为该联盟将俄罗斯、普鲁士和奥地利君主联系在一起。这个由基督教国王（尽管是东正教、路德教和天主教的君主）组成的"神圣联盟"使他们共同肩负着维护欧洲和平的责任。鉴于其中两个大国（奥地利和俄国）是多民族的帝国，与奥斯曼帝国统治的多民族帝国相邻。当民族主义挑战出现时，这种团结的表现往往能起到关键作用，因为这些挑战往往充满了宗教色彩。

尽管如此，《维也纳条约》及其基本原则似乎仍在发挥作用。紧接着，各大国通过召开更多的会议解决了一些关键问题。1818年在亚琛（Aix-la-Chapelle）举行的会议旨在将法国完全纳入"复辟"后的欧洲秩序中。1820年在特罗波举行的会议旨在镇压那不勒斯的自由主义革命；1821年在莱巴赫举行的会议旨在支持哈布斯堡王朝镇压两西西里的革命。而1822年的维罗纳会议在没有英国参加的情况下，授权法国入侵西班牙，以镇压反对西班牙王室的自由派叛乱（法国军队一旦成功，就离开西班牙）。在维罗纳会议上，列强也意识到，每次危机发生时召开会议不一定是最有效或最有用的方式，主要是因为这也暴露了他们之间的竞争。英国政府已经习惯不干预欧洲大陆的事务，也拒绝在本国疆域之外参与任何镇压革命的行动。然而，并不像一些历史学家所说的那样——"同盟体系"终结了。只是从19世纪20年代起，这些大国开始采用不那么公开的政治妥协手段。他们继续对全球危机进行微观处理，旨在保护系统中权力的平衡和他们自己在其中的地位。

19世纪20年代，这种妥协外交的有效性便体现在西方大国处理希腊民族主义起义的方式上。几个世纪以来，奥斯曼帝国的苏丹统治着一个横跨中东、欧洲西南部和非洲北部的庞大帝国。该帝国在拿破仑战争中幸存下来，但在1815年，苏丹穆罕默德二世（Sultan Mehmed Ⅱ）也认识到他的帝国面临着许多内部威胁——主要是由于一些种族群体希望分裂成独立的国家。奥斯曼人通过下放权力来统治国家，赋予地方行政官员决策、征税和组织其地区民众的权力，拥有相当大的自主权。虽然这种管理制度有助于防止帝国内部各群体之间出现冲突，但它也使特定群体更容易争夺自治权。希腊人就是这样一个群体。

奥斯曼帝国的存亡引起了欧洲列强的密切关注。他们都认识到，只要奥斯曼帝国继续存在下去，它就会阻止其他国家抢占该地区所具备的地缘战略优势。中东对他们来说都是至关重要的。尤其是对英国而言，因为它离英国的殖民地印度很近。同样，俄国人也认为该地区是一个从黑海到地中海和红海的重要出口。为了防止欧洲大国在该地区展开争夺并维护"同盟体系"的原则，欧洲的君主们意识到奥斯曼帝国的领土最好保持完整。奥斯曼帝国国内的任何严重危机都被等同于"同盟体系"的危机。

因此，当希腊人在19世纪20年代初反抗奥斯曼帝国当局时，欧洲大国被置于高度警戒状态。希腊人及其盟友（包括罗马尼亚雇佣军）与奥斯曼帝国军队之间的冲突是残酷的，其中涉及组建民兵队伍和对平民的屠杀。在1821年的4月，超过三分之一的伯罗奔尼撒半岛的土耳其居民被希腊革命者杀死。作为报复，在希俄斯岛的10万人口中，有近7万希腊人要么被帝国的士兵杀害，要么被迫成为奴隶。在1822年1月，希腊人使用了18世纪70年代和80年代在美国和法国闻名的革命语言来宣布他们要从奥斯曼帝国的统治中独立出来。

希腊的情况激发了整个欧洲和美国的广泛支持。一个基督教民族的独立之路，在许多与前者有共同宗教信仰的人和自由主义革命者看来，颇为鼓舞人心。这也让大国政府忧心忡忡，因为他们担心奥斯曼帝国有可能会崩溃。因此，虽然许多英国人高兴地忙着筹集资金和提供贷款来资助这场发生在希腊的反叛，英国政府却感到不得不想办法结束战争。俄国人也深感忧虑。一方面，他们对奥斯曼人杀害东正教同胞（希腊人）感到愤怒；另一方面，他们担心希腊叛乱会破坏奥斯曼政权的稳定，并在欧洲其他地方和他们自己的帝国引发反帝革命。

经过多轮外交斡旋，最终，俄、英、法三国政府合作，迫使奥斯曼帝国当局达成解决方案。1827年，各国签署了《伦敦条约》（*Treaty of London*），要求奥斯曼人承认希腊名义上的独立（作为回报，希腊人将向奥斯曼人支付附庸费）。但穆罕默德二世选择拒绝该条约，而是召集军队，并从埃及领导人穆罕默德·阿里（Mehmet Ali）那里获得了军事支持。英国、法国和俄国联合他们的海军，成功地在纳瓦里诺战役中击败了奥斯曼帝国和埃及的海军。然而，当俄国派出10万大军进入多瑙河公国（开始了1828—1829年的俄土战争），奥斯曼帝国首都君士坦丁堡就在俄国军队的行军距离之内时，穆罕默德二世才开始求和。

1830年签订的《阿德里安诺普尔条约》（*Treaty of Adrianople*）凸显出俄国沙皇尼古拉一世是多么愿意执行"大会制度"的一般原则。即使当他的军队接近君士坦丁堡并占领了多瑙河各公国时，尼古拉一世也并没有要求对方做出重大让步。例如，尽管俄国确实获得了多瑙河口的主权，但他并没有坚持进入连接黑海和地中海的达达尼尔海峡（the Dardanelles Straits）。为了保证奥斯曼帝国的安全，同时为了维持欧洲势力的均衡，尼古拉一世接受了1827年《伦敦条约》的条款。虽然希腊人要求完全独立，他们也被迫接受了1827年的协议。也就是说希腊不会成为一个共和国，而是被一个专制君主——巴伐利亚大公爵奥托·冯·维特斯巴赫（Otto von Wittelsbach）所统治。各大国确立并维护他的统治。尽管他的领土面积比大多数希腊人所期望的要小，只涵盖了大约三分之一的居住在巴尔干地区的希腊人，但至少希腊人现在有了自己的国家。

希腊在19世纪20年代的独立之路凸显了"大会制度"

的一些本质特点和一个一直没有被解决的顾虑。虽然英国、法国和俄国人有不同的国家利益，但他们都被卷入了奥斯曼帝国的国内危机，在最后一起努力限制了希腊民族主义的发展，并缓和了其对奥斯曼帝国的影响。虽然"同盟体系"进行了干预，平息了一场针对合法政权的叛乱，但这种干预的目的是遏制革命和让奥斯曼帝国存在下去。这种做法还巩固了"同盟体系"的核心——君主统治的原则。这次对希腊局势的处理表明，就算欧洲大国之间存在着重大分歧（例如英国和俄国之间的分歧），但是因为各方都存在合作的愿望和意愿，还是能共同维护总体和平的。

希腊的例子也凸显了人们对于欧洲多民族帝国稳定问题的两个长久以来的顾虑，即民族自决（一个族群的自治愿望）和收复故土（在新建立的民族国家中收复失地的愿望）。在接下来的一个世纪里，希腊起义给奥斯曼帝国土地上的许多其他民族带来了激励。但在所有情况下，西方大国都感到有"义务"塑造、缓和与限制这些民族主义者的野心。在19世纪70年代，当其他巴尔干民族实现独立时，情况雷同。在19世纪80年代，当保加利亚人试图在没有西方大国同意的情况下对奥斯曼人采取行动时，也是如此。在1912—1913年的巴尔干战争中，当巴尔干国家发现有利于他们的条约条款在大国开会对其进行改写后将不成立时，所有的大国都担心，对一个被削弱的奥斯曼帝国采取贸然的行动会造成权力真空。虽然他们无法阻止巴尔干地区的民族主义对帝国的挑战，但他们一再尝试减弱其系统性的影响。直到1914年的夏天之前，他们一直做得都很好。

在全球范围内，希腊起义也提供了一个关于革命胜利和反帝行动的力证。希腊起义与拉丁美洲成功的独立运动一样，激发了各种形式的团体反抗君主和帝国的统治，或建立新的政治组织形式。在1815—1848年，出现了许多引发政治变革的孤注一掷的尝试，它们或成或败。这种起义并不局限于欧洲。1824年，加利福尼亚的丘马什（Chumash）部落之所以反抗西班牙和墨西哥当局，部分原因是他们没有得到平等的公民待遇——而1821年颁布的《墨西哥宪法》（*Mexico Constitution*）已然规定全体公民一律平等，西班牙的自由主义革命者也为之争论。虽然丘马什人的叛乱被镇压了，但它既说明了原住民社区的不满情绪的存在，也说明了革命的政治理念正在全球流行的状况，其中包括独立国家地位的概念以及公民和（君主制国家的）臣民的政治权利框架（更多内容见第8章）。1827年，切罗基人为自己的国家设计了自己的宪法，涉及行政、立法和司法部门。但在那之后，切罗基陷入内战，并屈服于美国政府的多次军事进攻。其国内社会分崩离析，人民在美洲大陆上流离失所。

这种思想在全球范围内流行的另一个力证是，新西兰南太平洋岛屿的一些毛利部落发表了自己的《独立宣言》。该宣言的目的既是打击居住在新西兰的一些无法无天的欧洲人，也是为了防止法国人宣布对这些岛屿和人民拥有主权。根据这个宣言，人们建立了一个部落联盟。其运作方式很像欧洲的德意志联邦，包括维护领土主权，制定共同的法律并使毛利人能够充分参与到全球经济中。新西兰部落联盟甚至只用一面旗帜，便能授权船只在亚太地区招揽生意。1835年的宣言和随后由毛利人酋长和英国王室在1840年签署的《怀唐伊条约》（*Treaty of Waitangi*）都谈到了条约、律法的重要性，对主权和国家地位的诉求，以及在一个由强大帝国统治的世界里，人民和社群具有决定自己未来的权力。

1815年后，荷兰人在其东印度（现在的印度尼西亚）群岛开展的军事行动也体现了帝国对欧洲的"大会制度"的应用。1825年，爪哇王子迪波·内戈罗（Dipo Negoro）煽动了一场针对荷兰殖民当局的武装叛乱，这样做是为了结束（他认为的）荷兰人对爪哇岛日益严重的侵略性干预。他的叛乱行动也受到了国际理念的影响，叛乱的一方主要使用的是游击战术，效忠于荷兰的部队则对他们进行了镇压，结果导致20万爪哇人丧生。战争于1830年停止，当时荷兰人以和平谈判的诡计俘虏了迪波·内戈罗。在接下来的一个世纪里，运用军事手段镇压当地人民的反抗，在整个群岛上将是荷兰帝国霸权的一个不变特征。

与毛利人、丘马什人和其他许多群体一样，印度尼西亚人也不是顺从的帝国臣民。与任何其他群体一样，他们的反抗组织是"革命时代"的核心。他们积极地、反复地抵制荷兰帝国霸权和经济剥削。就其本身而言，荷兰镇压了这些挑战帝国霸权的叛乱，因为它的财富、工业增长和国际地位依赖于对这些"帝国财产"——殖民地——的占有。与英国一样，荷兰之所以能够维持并扩大其对东南亚群岛的控制权，部分原因是其安全在欧洲没有受到威胁。[①]因其长期奉行中立政策，以及欧洲各方力量能够相互制衡，其被欧洲邻国入侵的可能性很小。

19世纪30年代的比利时起义也使荷兰君主确信，帝国属地至关重要。荷兰需要印度尼西亚的财富以资助其针对比利时革命者的军事行动。这场平叛花费不菲，始于1830年，一直持续到1839年。这也突出了《维也纳条约》的"复辟"

---

① 许多历史学家认为，荷兰帝国主义受到了英国海军力量的保护。他们并没有说错，因为英国海军确实保护了海域安全。更为重要的是，英国是国际体系的主要保障者和受益者，帮助荷兰得以在海外持续进行帝国主义扩张。

原则是如何反复被欧洲君主国的臣民质疑和挑战的。"复辟时代"很像是"革命时代"和"帝国时代"的集合体。一方面，比利时的叛乱是针对荷兰王国国内权威的挑战。荷兰王国于1813年成立，并于1815年在维也纳达成协议，将以前不属于联合省（18世纪对荷兰的称呼）的土地和人民纳入其中。在1830年，在巴黎起义的鼓舞下，荷兰南部的天主教社区反抗信奉新教的荷兰国王，寻求独立。以维护"同盟体系"之名，荷兰国王威廉一世（Williem I）请求欧洲其他君主提供支持来镇压这场革命。

然而，由此催生出的1830年《伦敦条约》令人大吃一惊。其他大国没有向荷兰派兵，而是重新调整了维也纳体系。该地区和整个欧洲的政治稳定正处于危险之中，因为法国、普鲁士和英国都在该地区拥有地缘战略利益，他们不再支持荷兰国王，而是决定通过建立一个新的国家——比利时王国——来赢得更大的稳定，由德国贵族，来自萨克森-科堡（Saxe-Coburg）的利奥波德一世（Leopold I）担任第一任国王。荷兰国王并不同意，并派军队进入比利时，与之交战。但荷兰人最终输掉了战争。在1839年战争结束时，修订后的《伦敦条约》不仅承认了比利时的独立，而且还规定了比利时的永久中立。就像瑞士一样，比利时的中立是由大国协议保证的。如果比利时受到军事攻击，《伦敦条约》的所有签署国（包括荷兰）都必须为比利时提供军事援助。通过这样做，这些大国希望能使西北欧免于战争的侵扰。他们都认识到该地区非常重要，不能由其中一个大国单独统治。最值得注意的是，这些大国在1914年之前一直秉持着比利时不受霸权主义统治的原则，尽管它在不同的关键时刻受到威胁。比利时的独立及其永久中立化体现了"同盟体系"的成功。

随着当地人拿起武器，开始起义反对他们的君主，要求进行切实有效的政治、宪法和经济变革时，对（欧洲）"同盟体系"的最大威胁其实源于1848年的革命在整个欧洲大陆的发展。这些革命是相互关联的，看起来很像发生在世界各地的反帝起义：一些革命源于对当地贵族统治人民的方式的极度不满；一些革命则是源于经济上的贫困和政治上的异化——其主要原因是，各国面对持续的歉收以及由其引发的动荡和灾难未能做出有效的应对。叛乱是血腥和激烈的，诸多相互竞争的政治思想的力量也由此凸显而出，包括自由主义、共和主义、反帝国霸权主义、民族主义、社会主义和民主等一系列相互竞争的政治思想。卡尔·马克思（Karl Marx）和弗里德里希·恩格斯（Friedrich Engels）针对这一系列革命创作了具有开创意义的《共产党宣言》（*Communist Manifesto*）。该宣言（与其他思想一样）将定义整个19世纪末和20世纪的国际政治环境。所有这些政治思想都对土地贵族有天然的统治权这一概念提出了挑战（见第8章）。

不过，1848年革命并没有彻底推翻欧洲的君主制度。革命只是在瑞士推动了联邦制度的建立。法国人则让波拿巴家族重新执政，建立了一个短命的共和国。1852年，这位路易·拿破仑·波拿巴（Louis Napoleon Bonaparte）——拿破仑一世的侄子，加冕登基。欧洲大多数"自下而上"的革命之所以失败，一个主要原因是欧洲的君主愿意并有能力联合起来镇压革命。例如，俄国沙皇尼古拉一世向匈牙利派遣了20万军队以镇压叛乱，保卫奥地利王室，并防止叛乱蔓延到波兰。欧洲的统治精英们竭力阻止革命变成君主国之间的战争，这突出表明了"大会制度""复辟"原则的成功。

此外，革命之所以未能推翻君主制度，另一个主要原因是，君主们愿意修订国内的法律甚至宪法，赋予人民更多的权力。从这个意义上说，1848年的革命是成功的。1848年后，许多欧洲国家采用了代议制的统治体系，一些国家实行议会统治，推行开明宪法，并赋予了至少一部分民众在社会治理中发言的权利。由此，通过在许多方面对君主制度进行微调，以容纳民族主义和代议政治的原则，欧洲的精英阶级在"革命时代"中得以幸存，他们的统治也未曾受到动摇。这使他们能够继续把关注点放在海外。他们逐渐拉拢民众，务求使他们认可，国内的稳定是支持国家向外扩张，以增加影响力、国力和帝国财富的必备前提。西方势力在世界范围内的扩张，所依据的是一个当时为欧洲人广泛接受的理念：欧洲人"有权"统治海外帝国，是因为"只有欧洲人本身才是文明开化的"，并且他们有能力将"文明之光"播撒到世界各地。因此，他们将自己的思考、行为与生活方式强加给他人，本质上是"善的"。

因此，革命频发的1848年以及此前时期是"革命时代"。而1848年到1914年"一战"爆发的这段时间则是"工业扩张和帝国巩固的时代"。在这一时期，"同盟体系"使欧洲、美国和日本的工业飞速增长，并使它们的工业帝国在全球范围内扩张。"同盟体系"对于这些大国的经济和帝国扩张有根本性的重要意义。在这个时代，只有唯一一场战争涉及的大国在三个以上，即克里米亚战争（1853—1856年）。本次战争中，一方是俄国，另一方则是奥斯曼帝国、法国、英国和萨丁尼亚（意大利北部）的联盟。

克里米亚战争的起因是宗教问题：哪位基督教君主才是被奥斯曼帝国所控制的圣地耶路撒冷的保护者。在法国的大力支持下，奥斯曼帝国的苏丹阿卜杜勒梅吉德（Abdulmejid）将保护者的权利，由俄国支持的基督教东正教会转移到罗马天主教会。这激怒了俄国沙皇尼古拉一世，他发起了一系列外交抗议，以恢复东正教的权利。历史学家现在承认，法国皇帝拿破仑三世（Napoleon Ⅲ）在策划这场战争中发挥了重要作用。他希望通过这场战争搅乱"同盟体系"，从而使法国在欧洲和全球层面获得更大的权力和影响力。然而，这场战争并没有为法国带来任何实质性的地缘战略优势。尽管法国极大地破坏了俄国的稳定，前者并没有破坏支撑"同盟体系"的外交原则。俄国在克里米亚半岛（黑海）和高加索地区接连失利，最终输掉了这场战争。在1856年的《巴黎条约》（*Treaty of Paris*）中，俄国被迫接受一份苛刻的和约，包括黑海的中立化，俄国军舰由此不能在这一海域航行。

然而，最重要的是，1856年的《巴黎条约》强调了外交克制的原则，即使在大国战争时期，大国的自我约束依然十分重要。克里米亚战争很容易就会演变成全面战争，将所有的欧洲大国都卷入其中，将战火烧到全球各地，但它并没有。从一开始，它就被限定为一场位于波罗的海、克里米亚和高加索地区（在太平洋地区也有一些战斗）的局部战争。虽然英国和法国本可以通过高烈度海战破坏俄国的贸易，但他们没有这样做，而是选择继续开放海洋，使贸易和客运正常运转，只有少数俄国港口遭到封锁。所有主要交战国都希望保护自身的经济和帝国利益，特别是在亚洲-太平洋地区。

因此，交战国废弃了在以往战争中会使用的许多经济战的做法，并颁布了新的国际战争规则来支持这一改变。他们的目的是确保战争不会中断世界各大洋上的贸易往来：他们希望将战争的军事行为与全球经济活动分开。实际上，克里米亚战争表明，任何交战国都不想因为战争而影响到本国和全球的经济。他们担心自己的财富会受到影响，还担心自己所拥有的国际优势（包括帝国在海外殖民地的优势）会转移到非交战国。换言之，克里米亚战争凸显了冲突局域化的系统性优势。甚至交战国政府也意识到，如果对中立原则加以保护，在未来他们就有可能在其他国家开战时通过宣告中立来获得经济利益。因此，最重要的是，各国在1856年的《巴黎宣言》（*Declaration of Paris*）中申明了这些新的战争期间的经济规则：1856年之后，私掠行为被各国一致视为非法。[①]贸易封锁只在交战时才有约束力，而中立国的贸易权和进入公海的权利得到了保障。这些原则表明了军事战争可以与经济运行规则分开。

下一章将强调，这些保持海洋开放的原则对于维持欧洲和美国的全球工业和国家力量是多么重要。因为在克里米亚战争肆虐的同时，工业帝国的霸权迅速发展。例如，在19世纪50年代，来到新西兰岛的欧洲定居者比以往任何时候都多，而他们的船只没有受到俄国海军的攻击。1849年在加利

---

① 1856年，美国是唯一仍然正式承认私掠权的政府。

福尼亚开始的淘金热，在19世纪50年代蔓延到了大洋洲。人们从世界各地越过太平洋，黄金也从各个方向流向世界各地。此外，1853年克里米亚战争爆发时，正值美国海军准将马修·佩里（Matthew Perry）抵达日本，开启了跨太平洋的经济和外交关系的新时代。在接下来的几十年里，日本将公开积极地实现工业化。

第 3 章 1815 年后的工业化帝国和全球资本主义

1853年，美国海军准将马修·佩里将炮舰驶入江户湾（Tokyo Bay），试图在闭关锁国的日本帝国与美国之间建立贸易和外交联系。佩里受时任美国总统的米勒德·菲尔莫尔（Millard Fillmore）之命，力求扩大并巩固美国在亚太地区的经济利益（以及实现帝国主义扩张），并可在必要时付诸武力。佩里打开日本国门并不是美国实施其亚太战略的第一步。中美两国在1844年签订的《望厦条约》（*The Treaty of Wangxia*），就是美国意图打造跨太平洋地区链条的第一步。1871年，美国在朝鲜挑起了一场短暂的战争，200名朝鲜军人阵亡；虽然朝鲜王国直到1882年才与美国建交，但美国依靠"炮舰外交"还是扩张了自己的跨太平洋影响力。[①]到19世纪90年代末，美国已经正式吞并了夏威夷群岛、美属萨摩亚群岛（American Samoa）以及菲律宾群岛，充分表现了美国的跨太平洋军事与经济霸权在19世纪末的飞速扩张。

---

① 朝鲜在1876年结束了闭关锁国，如同日本以及全球许多国家一样，其工业资本主义社会的发展仰赖由外部输入的技术与基础概念。

然而在日本人眼中，佩里的入侵结束了德川幕府在外交与经济层面的闭关锁国。[1]从1853年起，越来越多的外国人远渡日本，尝试开拓新的财富道路，日本政府终于不得不开放门户，并将本国外交官派遣至世界各国：1860年遣使到美国，又于1862年到访中国及欧洲各国。经过多年内乱，日本的"维新"运动终于在1867年引发了一场政治变革；1868年后，以明治天皇为首的新政府坚持推进日本社会的现代化，投资并推动工业化进程，力求谋得与世界各国相等的地位。

在美国和日本统治阶层的精英眼中，两国各自的工业化成果都称得上是19世纪的"伟大成就"。两国都迅速有效地完成了工业化，扩大了其地缘政治影响力，由此跻身当时主要集中在西欧的工业化国家行列。作为当时的工业化大国，美、日、英、法、德（普鲁士）[2]都选择对内推进工业化，对外发动经济、军事和帝国主义势力扩张。

继农业出现之后，工业化成了影响全球人类发展的最重要的环节。工业化带来了现代化，塑造了一个由科技上的发

---

[1] 在现代社会早期，日本就与世界各国保持着联系，但进入日本国内的人和事物都受到了日本政府的严格管控。

[2] 在1871年之前，普鲁士是德意志邦联之内的一个独立邦国。普法战争（1870—1871年）则将邦联内部绝大多数的邦国（但并非全部）融合成一个崭新的民族国家，即德国。

明创新以及对变革的渴望所主导的世界。历史学家大书特书这种世界的架构、影响及动因。相关历史表明：现代化与工业化之间的关系一直以来都存在复杂性；此外，实现这二者的途径不止一条。本章的内容无法客观描绘出所有实现工业化的历史途径，甚至不能量化出其具体难度；本章的主要内容不是关于工业化和人类社会是如何相互作用的，而是重点讨论在19世纪背景下工业化对地缘政治的影响，以及工业化是如何让包括日本和美国在内的众多国家扩大势力范围，并削弱了其他帝国（如奥斯曼帝国、清帝国和印度莫卧儿帝国）的相对实力的。

在维也纳会议上提出的地缘政治原则，是一个很好的起点。欧洲各国之间相对和平的外交关系，及全球海域内相对和平的情况，使这些国家的工业资本家得以对外输出其经济成果。由此，（欧洲）"同盟体系"的诸多外交原则推动工业资本主义走向全球，并颠覆了在近代早期主导着大西洋世界的重商主义经济制度。1815年后，已实现工业化的国家开始蓬勃发展，而未能打下工业基础的国家则逐渐没落。对所有个体和国家来说，全球工业资本主义的发展意味着机遇和风险，在其发展进程中，还将出现更多暴力、破坏及翻天覆地的变化。

经历了漫长的拿破仑战争，欧洲大陆终于重拾平静，荷兰政治家吉斯伯特·卡雷尔·范·霍根多普（Gijsbert Karel van Hogendorp）高呼："在这开放的海洋上，贸易将重新恢复！"他的这番话也反映出，战争将不再封锁欧洲的港口；随着和平的到来，商业与贸易的"蓝水世界"将再次向欧洲敞开大门。范·霍根多普的观点不只代表了1813年新成立的荷兰王国一方的利益。在拿破仑战争末期，经济凋敝与民众不满使许多欧洲国家的政府焦头烂额，各国的统治者畏惧其引发新一轮的革命。于是在1815年的维也纳会议上，政治家们意识到，经济复苏对于维系外交与政治稳定、维护新建的欧洲秩序而言至关重要。但他们没有注意到，"同盟体系"同样是经济与工业扩展的强力推手。1815年后欧洲大陆相对和平的环境，以及全球海洋的相对稳定（部分海域受英国皇家海军保护）为工业化的发展和全球范围内的人口迁移（详见第5章）孕育了一片沃土。

在1815年后的数十年间，涌现出了一大批经济顾问与思想家，他们对欧洲政府的决策有着举足轻重的影响，范·霍根多普就是其中之一。他深受亚当·斯密（Adam Smith）的影响，是自由贸易主义理论的忠实拥护者。亚当·斯密在《国富论》（*Wealth of Nations*）中对18世纪盛行于大西洋世界的重商主义学说提出尖锐批判。在重商主义时代，欧洲的诸多"蓝水帝国"（主要是西班牙、葡萄牙、英国、法国和荷兰）将殖民扩张的触手延展到大西洋彼岸和东南亚地区。这些帝国大肆攫取财富：其代理人或是掌控当地的白银和黄金资源，或是把货物、香料等从遥远的地方（比如强大的中国和印度莫卧儿帝国）带回欧洲。它们会在世界各处建立殖民地，其中一些（尤其在美洲）则主要依靠奴隶和从各处运到美洲的契约劳工，在当地生产白糖与棉花。

这些帝国的财富和权力往往都来自一些垄断企业，它们为探索世界的"冒险家"提供船只、货物和人员方面的资助，寻求财富密码，并将非洲的奴隶劳工运送到"新世界"的种植园。英国东印度公司（BEIC）和荷兰东印度公司（DEIC）就是两个非常成功的例子：荷兰和英国政府为它们背书，靠着征收关税、制定劳工政策、操纵港口和水域的使用权，保护其资产，使其垄断企业免于外部竞争。帝国海军也一直为这些企业"护航"：他们保护这些企业的船只免受海盗与私掠者的袭击，并协助其掠夺土地以建立殖民地和种植园，并从企业手中分润资源与财富。

重商主义的总体经济原则是，全世界的财富总量是有限的。因此这些"商业本位"帝国无一不想排挤对手，以期在恒定的财富总量中占取最大的份额。在他们看来，争夺世界财富是一场零和游戏：一方获益，另一方就会受损。然而，根据重商主义的原则，经济增长只能通过暴力掠夺实现。因此，在重商主义影响下，各国意图通过滥用暴力夺取财富、货物及劳工，并维护仅供己方政府或企业交易的专属经济区。18世纪，欧洲各国为了保护和扩大自己的财富和海外财产发起了一连串的战争。

1775—1883年的美国独立战争，以及1789年法国大革命后的一系列战争严重动摇了重商主义的基本原则，特别是这些海洋战争直接影响了重商主义帝国维持其贸易垄断地位的能力。全球战争愈演愈烈，革命思想蓬勃发展，新工业发明高速发展，在此背景下，诸如亚当·斯密所提出的自由贸易主义之类的理论得到重视。亚当·斯密主张摒弃封闭式的重商主义经济原则，遏制帝国企业的垄断，并希望世界经济能拥抱竞争。工业化的发展也为这样的先进思想吸引了更多拥护者。

到了1815年，欧洲和大西洋两岸的国家回归常态，经济战争也偃旗息鼓，很多人认为重商主义即将复辟。在1815年的维也纳，英国政府果断拒绝对经济冲突进行共同制裁，还在1812年战争末期拒绝与美国就经济中立权进行谈判。至少从英国政府的角度来看，强权即公理；鉴于当时的英国海军是全球海洋当之无愧的主宰，英国只想继续不受限制地调用其海军力量。1815年的英国政府完全不会预见到，工业化会对其自身的全球实力产生多么大的影响。

然而很快人们就意识到，"重返昨日"已经全无可能。帝国企业并未消亡（例如，英国东印度公司直到19世纪50年代末才失去对印度的贸易垄断权），但18世纪中叶肇始于英国的工业化进程，在1815年之后成为英国经济发展的主要推动力。新的生产体系在西欧和美国生根发芽，到19世纪中期则播撒向全世界各个角落。[①]1850年，重商主义彻底寿终正寝。虽然各国政府仍然控制着货物的进出口贸易（主要是通过设置关税和管制港口和国界），但他们也认识到，向商人和投资者开放贸易将会带来巨大的财政收益，对英国来说尤其如此。在1853—1856年的克里米亚战争期间，英国政府意识到，它在全球经济环境中的地位出现了根本性的转变。现在它认识到，保护"公海"的开放，以及在世界各地贯彻自由贸易原则将带来更大的益处。随着全球资本主义经济的发展，"第一个工业全球化时代"也随之发展起来。

最简单地说，工业化就是手工劳动被机器劳动（主要是以燃料为动力的机器）取代的过程，它可以加速生产进程、提高产量并降低成本。工业化的革命性与先进性在于，其重

---

① 许多文献资料对于早期现代社会工业化的重要性有着颇为详尽生动的记述（既包括19世纪工业革命的先驱者，又包括各类早期工业化进程），在此不加赘述。

组了现有的经济和社会结构。在大多数前工业化社会中，财富与福祉始终与土地或海洋的产出紧密相关；然而在19世纪的工业化社会里，它们则更多与金钱的流通挂钩：对工人而言是工资，对投资技术创新、工业生产与商业贸易的精英而言则是资本。因此，工业社会仰赖可靠的银行体系、汇率、税收制度等，而政府则在工业化过程中扮演着重要角色。最重要的是，要发展高效的工业化进程必须寻找到廉价的原材料、建设可靠的运输和通信网络、鼓励壮大消费市场（吸引更多人购买更多工业制成品）以及打造合理的工资制度（通过劳动可以换取金钱而不是实物，所以工资可以用于购买其他制成品）。正如我们所看到的，工业化是一种全球化的现象；19世纪层出不穷的技术发明（诸如汽船、铁路与电报线缆），在提升通信速度的同时，也不断加速着工业化的进程（见第4章）。

工业化的发展像许多成功的革命一样，一旦开始即势不可挡。起初，推动工业化的主要是新兴的经济精英阶层的投机行为。这个阶层包括企业家、银行家、实业家、律师和其他专业人士，他们的财富与地位主要源于投资各类工业项目、寻找新的原材料、建立和扩大通信网络、开辟新市场和最大限度地控制公海。最初，这些精英都来自英国、美国、西欧这些早期工业化国家的核心地带。他们要求政府提供帮助，不仅要赋予其政治权力以影响母国的经济政策，还要保护其在全球的商业利益并提供财力支持。由此看来，19世纪的工业全球化时代显然是一个工业帝国主义的时代，因为政府仍然听从资本的调度。[①]正如范·霍根多普所描述的那样，随着海洋向商业开放，1815年之后的世界对商人而言畅通无阻。

正如史学家于尔根·奥斯特哈默所说，各国工业化的进程不会是同一的，因为它涉及诸多层面，可能带来各种影响和改变——有一些是自下而上的，另一些是自上而下的。然而就对地缘政治的影响而言，19世纪的工业化发展带来了两个重大变化：首先，工业化彻底改变了各国的实力、经济与政治；其次，至1900年，全球最富有和最强大的国家——历史学家艾瑞克·霍布斯鲍姆称为"赢家"，都是那些快速高效完成工业化，并最大限度地利用了全球贸易网络以及自身的自然禀赋和人力资源的国家。在1900年，这些"赢家"包括大部分的西欧国家、美国，以及较晚实现工业化的俄国和日本（见表3-1）。这些大国共同控制着世界上超过84%的土地和人口，并将其他地区纳入其资本积聚的无形轨道上。

───────────

① 19世纪的帝国主义背后当然有着各式各样的驱动力，其中一些留待后文讨论。工业化与帝国主义两者都是全球性的现象。

历史学家埃里克·D.兰格（Erick D. Langer）和约翰·图提诺（John Tutino）准确地描述了从现代早期的"多中心世界经济"到19世纪末的工业资本主义互联经济的转变："到1900年，拉丁美洲诸国和非洲、中东亚太地区的诸多帝国属地已经沦为工业资本主义世界的边缘地区。"

表3-1　1800—1900年各国/地区在世界制造业总产出中的占比情况

单位：%

国家 / 地区	1800 年	1830 年	1860 年	1880 年	1900 年
欧洲（总计）	28.1	34.2	53.2	61.3	62.0
英国	4.3	9.5	19.9	22.9	18.5
奥地利帝国	3.2	3.2	4.2	4.4	4.7
德国	3.5	3.5	4.9	8.5	13.2
俄国	5.6	5.6	7.0	7.6	8.8
美国	0.8	2.4	7.2	14.7	23.6
日本	3.5	2.8	2.6	2.4	2.4
中国	33.3	29.8	19.7	12.5	6.2
印度	19.7	17.6	8.6	2.8	1.7

资料来源：Paul Kennedy, *The Rise and Fall of the Great Powers: Economic Change and Military Conflict from 1500 to 2000*. Vintage Books, 1987, p. 149.

　　英国是迄今为止在这些"赢家"中最成功的。它不仅率先实现了工业化，而且其工业和经济实力直到19世纪70年代都无可匹敌。英国之所以在工业化上取得了显赫地位，部分是因为18世纪的农业改革，部分则是因为英国从1815年起就已经充分利用了全球资源（包括它与美国建立的长期经济和社会联系）。英国的工业化还受益于其能为投资者背书并提供保险的强大银行体系；数量可观的商船为运输货物提供保障；强大的海军保护贸易航线不受海盗侵扰，并强制其他国家和社群服从；以及充足的煤炭储量，随时可以为其工厂提供燃料。英国拥有的相对稳定和集中的政治体系对其工业化进程非常有利。

英国的工业化进程空前绝后，也为其他国家的政府和企业家提供了一个实现工业化的模板，许多国家在试着效仿英国的道路（见表3-2）。然而英国的工业化（如同其帝国理念）可谓毫无章法。它在国内和国外引发了诸多激进而深刻的变革，其中一些变革随着工业化逐渐推广而被各国争相效仿，另一些则独属于这个号称"世界帝国"的岛国。艾瑞克·霍布斯鲍姆在20世纪60年代撰写了一本极具影响力的书，书中以英国为例，介绍了工业化带给人类生活的根本转变。他在书中写道："整个世界的经济……都建立在英国之上，或者说是围绕着英国运转，这个国家……取得了古往今来与其相若的国家无可比拟的世界地位。"今天的历史学家不会认为工业化独属于英国，但艾瑞克·霍布斯鲍姆格外关注英国工业化给全球局势带来的变化。这是完全合理的，他并没有错。到1914年，英国是世界上有史以来最大的帝国，占据着24%的世界陆地面积，统治着4.46亿帝国子民。世界上40%的商船都挂着英国国旗，英国皇家海军的实力是与其最为接近的两大对手的总和。

表3-2 1800—1900年各国/地区人均工业化水平

（以1900年英国的工业化水平为基准，满分100）

国家／地区	1800 年	1830 年	1860 年	1880 年	1900 年
欧洲（总计）	8	11	16	24	35
英国	16	25	64	87	100
奥地利帝国	7	8	11	15	23
德国	8	9	15	25	52
俄国	6	7	8	10	15
美国	9	14	21	38	69
日本	7	7	7	9	12
中国	6	6	4	4	3
印度	6	6	3	2	1

资料来源：Paul Kennedy, *The Rise and Fall of the Great Powers: Economic Change and Military Conflict from 1500 to 2000*. Vintage Books, 1987, p. 149.

工业化对英国社会、政治甚至景观的影响，对时人而言都是显而易见的。仅就人口而言，1815年后，英国经历了人口爆炸，居民由乡村迁居城镇中心；城市围绕着工厂区、铁路枢纽和海港飞速发展，所有这些都是为了最大限度地提高生产力、参与全球海洋经济贸易。至1850年，英国成为第一个50%以上的人口居住于逾百万人的大都市的国家，只有四分之一的英国人仍依靠农业谋生。前工业化时代的英国的社会形式和规范，以令人震骇的速度遭到颠覆。

1838年，英国首相本杰明·迪斯雷利（Benjamin Disraeli）将英国比作"世界工厂"：英国通过加工来自帝国各地甚至更远地区的原材料来制造商品，然后再卖给各国，赚取可观的利润。英国并不是唯一的工业国，很快就出现了许多竞争对手，但在1850年，英国仍然产出了全球三分之二的煤炭、一半的生铁和将近一半的商用棉布（见表3-3）。至1870年，英国的生产能力再次呈指数增长，煤和生铁的产量达到了1830年的5倍，可用于纺织布匹的原棉的进口量是此前的6倍；由于制造工艺和加工机械的改进，每个工人的平均生产力在这段时间也翻了一番。英国的出口量随之迅速扩大，英制产品在世界范围内畅销。英国的财富、势力范围和声望随之增长，英国人利用这些优势进一步提高制造能力、增加采购原材料和劳动力、完善基础设施建设，以及打开市场和港口的准入渠道。1860年，英国人共持有3.7亿英镑的海外资产（约合今天的330亿英镑）；1913年，英国的海外投资增长到原来的11倍多，达到39亿英镑（约合今天的3650亿英镑），这个数字没有任何国家可以企及。到1900年，英国人已遍及全球贸易的各个环节。

表3-3　1830—1910年煤炭、生铁、粗钢生产总量

单位：百万吨

国家	英国	德国	美国
煤炭			
1830 年	22.8	1.8	0.8
1870 年	112.0	26.4	36.3
1910 年	269.0	152 与 70（褐煤）	473.0
生铁			
1830 年	0.69	0.11	0.17
1870 年	6.06	1.26	1.69
1910 年	10.57	13.17	27.10
粗钢			
1830 年	0.33	0.13	0.77
1870 年	3.64	2.10	4.34
1910 年	6.48	13.10	25.71

资料来源：Charles S. Maier, 'Leviathan 2.0' in Emily Rosenberg, ed., A World Connecting, 1870−1945. Harvard UP, 2012, p. 100.

显然，英国工厂成功的发展模式早已不是一个秘密，所以许多团体和国家都争相模仿。比利时、法国、荷兰和德国这些邻国常常模仿（有时甚至偷窃）英国工厂和机器的设计，有些国家甚至邀请英国企业家和他们的工人帮忙在他们的国家修建工厂，美国也是如此。英国的成功是由一系列的因素促成的，而其他国家就没有那么幸运了。比如埃及领导人穆罕默德·阿里在19世纪30年代曾试图引进工业化所需的几乎所有要素，埃及派遣学生到英国学习这些工艺，并引进大量英国工厂工人，试图进一步提高埃及的经济效率。然而，由于当地人民对这种迅速变革极力抵制，并且不愿高价进口诸多原材料（尤其是煤炭），埃及当局的雄心也逐渐动摇了。英国代理人通过外交谈判、军事威胁和垄断策略等手段，迫使埃及的邻国购买英国而非埃及的产品，这对于埃及的工业化进程无异于雪上加霜。除非埃及可以赶上英国的生产效率，并且给出比后者更便宜的价格，否则埃及的工业化进程就只能止步不前。这时，埃及又卷入了与奥斯曼帝国共同对抗希腊的海战之中，无法承受战争的高昂成本，埃及的工业化努力由此正式破产。

像英国这样成功的工业帝国，可以调动其现有的所有经济和工业优势，来打压那些刚刚萌芽的竞争对手，这是19世纪的列强在工业化与帝国主义扩张方面取得"成功"的惯用手段。他们快速积累的财富和投资能力的提升，也使他们能够投资世界各地的工业项目（就像前文提到的埃及所遭遇的情况，工业帝国往往以牺牲当地工业为代价）。这样做不仅可以收获物质回报，还可以在政治上对其所投资的地区进行更有力的控制。英国工业帝国的权势与力量的不断扩张，仰赖于它最早实现了工业化，并且已经统治了一个庞大的殖民帝国。这两个"优势"使英国能够在经济、外交上和军事上扩大其在世界上的主导地位。

重要的是，这些在1815年后快速开始并成功完成工业化的国家，也都是"同盟体系"的成员国。这不足为奇，毕竟英国不可能像对待其他（非西方）政府和团体那样居高临下地对待它在美洲和欧洲的对手。到1830年，大部分的西欧国家都在进行工业化，并竭力推进自己的工业进程：铺设铁路、建设庞大的冶金工业区，以及推动纺织业的发展（尤其是法国）。在随后的几十年里，德国在化学和电气工业中开拓出新的领域；在整个欧洲，随着各国对重工业的不断投资，煤矿开采量大幅增加，欧洲的工业城市不断发展。虽然英国人在工业化方面持续保持领先地位，但他们也并非没有势均力敌的竞争对手。到1870年，这些英国和欧洲大陆的工业企业遇到了来自美国的竞争对手；到1910年，德国和美国在生铁、粗钢和化学制品生产领域超过了英国（见表3-3）。

这些工业上的进步在地缘政治方面十分重要。已完成工业化的国家不仅可以通过提高产量和压低价格，打压那些不具备与其相当的制造规模和优势的竞争对手，以此垄断全球经济，还可以通过进一步的投资累积更多财富。技术创新更新迭代，科学发明推陈出新。在其擅长的领域，已经完成工业化的帝国会不断收获更多长远的进步；而在其他领域，则会倾向于承认其他工业化帝国的主导地位与资本投资。

之后几章将主要讲述当时的人类、物质资源和环境为19世纪的全球工业转型付出了怎样的代价。由于工业资本主义的发展建立在剥削、收购和殖民扩张之上，所以之前提到的所有成功的工业国家也都属于剥削者、收购方和帝国主义者。这样来看，工业化推动了有形帝国和无形帝国的扩张。各国政府"为金钱所操纵"，致力于保障那些不断开拓进取的公民的全球利益；各国公民则不断向外开辟市场，发展银行和金融业务，投资当地的工厂、船舶和通信网络，攫取和掠夺大量原材料，建立（或投资）当地种植园和矿产以获取更多的资源，垄断劳动力并要求政府为其投资和利润提供保障。19世纪的工业化成果使全球财富不断向工业中心集聚，当今"第一世界"国家所占据的财富以及拥有的世界领先地位，大多仍可追溯到这段时期。这些中心地带之所以高度繁荣，在很大程度上是因为当时世界各国无须担忧其主要工业竞争者可能会对其发动侵略战争——这是"同盟体系"的成果。由此，他们可以专注于保护和发展自己在海外的经济和帝国利益，甚至在必要时不惮于诉诸武力。

19世纪的工业化竞争有着显而易见的"赢家"和"输家"。国家层面而言，赢家是那些能够接受和适应工业变革，并能轻松加入全球经济贸易网络的国家；而那些拼尽全力才刚刚赶上的国家则会在这场比赛中处于明显的不利地位，并可能沦为那些赢家实现其经济野心的工具，以及其投资和投机的靶子。这意味着，在"第一个工业全球化时代"，只有极少数国家能大获全胜。

随着"工业化时代"来临，当时的清帝国逐渐失去了经济上的优势地位，印度的莫卧儿帝国则逐渐消亡，二者都付出了巨大的地缘政治代价。1815年，清帝国在财力水平、制造业产出、地区权势和政治稳定性方面仍然稳胜于任何同时期的欧洲国家。中国的手工艺品在全世界广受追捧，凭借良好的贸易通商体系，清朝商人赚得盆满钵满，清政府的国库里装满了来自世界各地的金银。清代的中国是东亚地区的军事和经济强国，清政府利用这一优势与暹罗（泰国）和印度支那的大部分地区建立了稳固的朝贡贸易关系。在整个18世纪，中国一直与沙皇俄国这一欧亚大国合作，二者之间有着稳定而精细的贸易体系，维持了两国边界的长期和平。

但是清政府也注意到了一些不好的讯号，意识到这种现状无法再维持太久。特别是在1750年后，越来越多的欧洲人在南亚和东南亚定居，在当地经营的各类欧洲贸易公司也一直想要打开中国内部市场。清政府采取了一些措施，试图遏制这些发展趋势，他们建立了"十三行制度"在广州管理通商口岸。外国商人每年只有6个月能进入广州港，并且需要有经营许可证才能与当地商人进行贸易。尤其是随着欧洲国家和美国对中国茶叶、香料和其他名贵物品的需求不断增长，中国的商人和政府通过贸易的税收、收取许可费和关税积累了越来越多的财富。在这种情况下，清帝国18世纪的最后一位皇帝乾隆，有着空前强大的自信心。这体现在1793年乾隆皇帝难得允许乔治·马戛尔尼（George Macartney）为首的英国使团，在会面时省去清朝传统的宫廷礼节。乾隆本以为，使团此程是专门前来进贡的，然而英国使团却在朝廷上展示各类天文仪器，并且不客气地提出在北京设立英国的常驻机构，以及希望中国放松对英国的贸易限制。乾隆感到自己尊严受辱，随即勒令马戛尔尼及其随行人员即刻离开。

尽管西方国家不断向清政府施压，但在拿破仑战争期间，中国还是靠着与西方的贸易往来赚取了成吨的白银，使国内财富总量大大增加。但1815年就是中国命运的转折点：英国东印度公司质疑广州通商口岸的贸易规则，它要求中国同意英国将货物交换作为支付手段，而非使用白银或黄金付款。这个要求具有特殊意义，它使外国制造商打开了中国市场，外国商品的涌入削弱了中国本土制造商的竞争力（因其生产成本更高），还因此降低了中国的关税收入。这个方法还为英国商人向中国走私鸦片提供了"正当理由"，使中国的鸦片贸易在1815—1830年扩大了8倍。清政府意识到，这些毒品可能对社会和经济产生众多不良影响，且进口鸦片将严重破坏中国目前的贸易平衡，随即禁止了鸦片的销售。英方不愿善罢甘休，许多英国走私者向东印度公司提出诉求，要求中国重新将此贸易合法化。

英国在19世纪初期几十年里的鸦片贸易，正揭示了英国的工业化在全球范围内能"大获成功"的一些关键因素。首先，贸易不仅旨在为某个单独的个体牟取巨大的利润，英国还希望以此来提高整个英国的整体财富水平和实力。其次，贸易是英国在全球范围内扩大其经济和帝国势力的重要手段。英国的势力已经扩张至南亚，英国商人在中国出售的大部分鸦片来自于此。但在1815年，南亚地区的制造业经济（以手工劳动为主）开始发展壮大，区域经济影响力也随之变强。与中国一样，南亚地区的印度莫卧儿帝国也曾是一个经济强国，占据着全球五分之一的经济产量。

英国商贩投资印度的鸦片种植贸易，破坏了印度的本土优势。他们不仅扩大了鸦片种植园的规模，还增加了鸦片的潜在出口收益。正如英国殖民长官约翰·克劳福（John Crawfurd）在1837年所说，"（英国）通过印度出口的鸦片所获得的收益比所有其他国家为法国、西班牙和意大利出口的葡萄酒支付的金额还要多"。英国控制着中国（以及包括英国自己在内的众多国家）的鸦片销售，这为英国带来了不菲的财富，而且正如克劳福所认为的，它还破坏了印度本土的手工业，使印度"英国制造品的使用量翻了十倍"。在印度，英国制造品逐渐取代了昂贵的黄金和白银，成了用来交易的等价物。这样一来，印度和中国在经济上都更加依靠英国。1858年，印度莫卧儿帝国灭亡，此后英国凭借这种依赖性得以染指南亚次大陆，并在维多利亚女王（Queen Victoria）于1876年加冕为"印度女皇"后，进一步巩固了统治地位。中国对英国制造业的依赖，也进一步削弱了清政府维护其自身主权和地区权威的能力。

英国通过贩卖鸦片扩大其有形或无形帝国，正是19世纪工业化帝国主义带来的利弊的真实反映。我们在之后的章节中也会更加详细地解释，在这个工业化时代，"赢家"的背后往往隐藏着诸多暴力和破坏，乃至大规模的反抗。清政府没有任由英国践踏自己的主权，于是当1839年清政府派人将百万斤鸦片倒入港口销毁时，战争随之而来。英国曾两次向中国宣战（第一次在1839—1842年，第二次在1856—1858年），两次战争都是为了迫使清政府允许英国在华销售鸦片，扩大英国在中国的贸易影响力。中国在这两次战争中战败，很大程度上是因为，英国当时的海上军事实力和武器装备都远胜于中国。战败后的清政府不得不同英国签订不平等条约，包括向英国开放5个通商口岸，并允许英国在香港设立常设基地。

鸦片战争失败后，中国迅速跌出了世界列强之列。中国不仅丧失了对于包括法国、德国、俄国、日本和美国在内的这些工业化国家的贸易主权，还被迫承认这些国家在许多中国港口的治外法权。到1911年，共有50个中国港口受到各种治外法权条款的约束，被迫为这些国家开辟专属的贸易通道。这些工业化霸主在越南、暹罗（泰国）、朝鲜和日本（日本的港口在1889年归还给明治政府）也争夺过类似的特许权，这些不平等条约充分体现出工业化大国与其他国家已经实力悬殊。

这些条约还体现出，中国未能以如其他国家一般的速度和效率实现工业化。失败的原因可能在于当局者的决断失误，也可能是国内政局不稳的后果（这在太平天国期间体现得更加明显），还有可能是一个疆域辽阔、历史悠久的王朝，尝试适应它所面临的高速变化的结果。从19世纪60年代开始，清政府需要仰仗所有工业化帝国的集体外交支持才能维持自身的统治，防止皇权倾覆。从其他国家的角度来看，让中国保持中立（这样就没有任何一个国家可以独享其经济或外交优势）类似于维持欧洲的"同盟体系"，或美国的门罗主义。这些工业大国都有机会进入中国的经济市场，而不会打破它们彼此之间的力量平衡。

这并不意味着中国就是这些工业帝国发展过程中的受害者，清政府也尝试通过改革和变革来应对工业化时代的经济、军事和政治压力，其战略之一就是在朝鲜发动商业战争。由于担心侵占朝鲜半岛可能激怒欧洲众多强国或日本，清政府决定利用商人作为突破口，将自己受到的不平等商业条约再强加给这个"隐士王国"①（Hermit Kingdom）。尽管清政府自己的贸易口岸已深受这些不平等条约之苦，但若将这些规则施加给他国，清政府也必将有利可图。与中国一样，朝鲜也成了许多国家的经济和军事帝国主义打击的对象，最终在1904—1905年的日俄战争后被日本吞并。然而，更普遍的现象是，现代工业化首先是在中国开放的通商口岸内的租界中兴起的。例如，到1900年，上海已发展成为一个具有良好工业体系的现代化大都市，其经济增长不仅取决

---

① 当时朝鲜的别称。——编者注

于它与世界经济的联系，也取决于外国和本国对新兴工业的投资。

相比之下，在清政府和印度莫卧儿王朝还没完全适应"工业化时代"的节奏时，刚刚宣布独立的美国在19世纪迅速发展成为工业强国。1815年的美国还称不上是大国，但到1900年，它已经可以被称为世界强国。它在地缘政治上的崛起依赖着高效的工业化（最初由英国投资）、在北美大陆的领土扩张和大量移民的涌入——移民带来了新的财富、思想和劳动力（见第5章）。在整个19世纪，美国与墨西哥、西班牙的残余势力及当地的，或是被这些白人势力驱赶到西部的原住民发生了直接的军事冲突，以完成扩张。直到1865年，美国境内奴隶制仍属合法。联邦军（Union Forces）和邦联军（Confederacy）之间的内战在这一年结束，美国政府由此腾出手来，巩固其在广阔的北美平原上的统治。移民、矿工、横贯大陆的铁路和电报线、外国劳工、法律和统治借助全球工业化时代的浪潮席卷美洲大陆（见第4章）。1870年后，美国在生产和创新方面已能与其他工业强国相抗衡，它还建立了横跨太平洋的全球联络网，美国利用与拉美国家便利的交通条件获得初级产品和原材料，扩大和巩固其工业优势。相应地，与中国和印度莫卧儿帝国一样，这些拉美国家也不断尝试冲破来自美国和欧洲工业强国的经济封锁。

那些早期快速完成工业化的国家有着明显的优势，然而，在条件允许的情况下，较晚完成工业化的国家仍然可以迎头赶上，比如罗曼诺夫王朝时期的俄国。1815年，与清朝和奥斯曼帝国一样，罗曼诺夫王朝时期的俄国是一个强大的农业帝国，有着悠久的传统和古老的经济体系，世界10%以上的陆地受它所控。罗曼诺夫王朝的沙皇在1815年于维也纳探讨（欧洲）"同盟体系"的大纲时发挥了重要作用。俄国在克里米亚战争（1853—1856年）中的失败让其农奴制经济损失惨重，在这之后，沙皇亚历山大二世（Alexander Ⅱ）开展了一场现代化运动，旨在实现俄国的工业化，并以此维护俄国的地缘政治势力和经济实力。1861年，俄国早于美国（1865年）废除了奴隶制，将2300多万人从奴役制中解放出来，向实现工业化迈出了重要的一步。罗曼诺夫王朝的"解放者沙皇"（Tsar Liberator），即亚历山大二世，在19世纪六七十年代进一步推进了农业、教育、法律、军事和行政方面的改革。

尽管亚历山大二世有此野心，但与美国或西欧国家相比，俄国的工业化进程相对缓慢，而且遇到了巨大障碍，这些问题也存在于其他农业帝国之中（如奥地利帝国、清帝国或奥斯曼帝国）。其中一些问题与资本、教育和机会的缺乏有关，许多之前的农奴和农工在获得自由之后也在与其作斗争。与奥地利帝国、清帝国和奥斯曼帝国一样，俄国也在讨论西化的利与弊，并担心这对于本土传统和习俗将是巨大冲击。面对俄国经济体系中不断增加的外国投资（尤其是来自法国、英国和德国的投资），这种担忧是迫切的，这种谨慎的态度也让俄国在解放农奴之后仍然保留着农民公社（村社或公社）。人们希望这种传统的斯拉夫体制能够缓和变革带来的冲击，并为即将迎接市场资本主义的农业经济的发展提供稳定的社会环境。到1900年，俄国开始与其他强国竞争，在19世纪90年代，俄国的工厂数量翻了一番，经济增长率达到每年8%，与美国相当。俄国在接下来的14年里逐步确立了自己在棉纺织业、铁和石油产出方面的领先地位。

与其他工业化大国一样，俄国也希望扩大其经济和政治的全球影响力，特别是在俄国南部和远东太平洋的边境地区。1880年建成的里海铁路将俄国的势力范围扩展至波斯帝国（今伊朗）的边境，在19世纪90年代，又建成了更多深入阿富汗地区的铁路线。因为英国一直关注俄国对印度的侵略，所以这无疑加剧了俄国与英国的紧张关系。相似的是，俄国对挣扎求存的中国不断施压，一直觊觎着中国东北地区，而日本此后也会将这里视为囊中之物。俄国在19世纪八九十年代加速了其在亚洲的势力扩张（这使俄国与德国的关系恶化，但改善了与法国的关系）。建立大型铁路系统是俄国工业化进程的主要渠道之一，这将其欧洲部分与其长期拥有但未得到充分利用的西伯利亚和亚洲地区连接起来，横贯西伯利亚的铁路系统向东和向南延伸到中国的东北地区，将俄国的生产能力引入了亚洲市场，这还在19世纪90年代吸引了众多中国人从河北和山东地区迁往东北地区。俄国以工业为动力，用全球最长的铁路线将欧洲与亚洲紧密联系起来。

日本的发展与俄国的时间大致相似，在明治政府的振兴计划下，日本也重新投入大量的人才和精力，以满足全球工业化新时代的要求。日本像俄国一样面临重重障碍，尽管障碍各不相同。一直到19世纪50年代，日本的主要贸易对象仍局限于荷兰，然而日本仍缺乏工业生产所需的燃料，所以日本只能像埃及在19世纪20年代尝试过的那样进口更多原料，虽然埃及的尝试以失败告终。然而幸运的是，日本的生产商对这一变革持开放态度，他们受教育程度更高，易于接受西方的先进科学思想，且愿意适应由此可能带来的改变。19世纪六七十年代的日本改革者鼓励在教育方面进行变革，这些计划与复兴帝国的目标不谋而合，此外他们还希望可以在与当今经济和军事强国的合作中学习更多。明治政府希望将日本与亚洲其他国家（尤其是中国）区分开，它还试图通过"文明开化运动"（bunmei kaika）加入西方帝国的行列。日本推行了严格的禁毒条令，而中国还在与由英国主导的鸦片贸易作斗争。到19世纪90年代，日本已经强大到能够与亚太地区的所有其他工业帝国竞争。它利用战争和经济手段来扩大其影响力，尤其是在朝鲜、中国东北和中国其他地区。日本在日俄战争（1904—1905年）中的胜利向世界表明，它已成为一个不可被忽视的工业强国。

　　另外两个重要的帝国，奥地利帝国和奥斯曼帝国，在19世纪的国际体系中占据着重要地位，却也都是后发工业国家。这两个帝国都在努力实现工业化，只为在这个经济政治动荡的年代维护国家秩序。奥地利（后来的奥匈帝国）凭借斯科达冶金工业和兵工厂（1859年成立）确立其重要的工业优势。帝国首都维也纳有着众多金融机构，这些机构活跃在全球工业资本主义的市场上。匈牙利人在19世纪后期也非常活跃，他们利用强大的农业基础，在食品加工和制造业方面进行全新工业生产。直至19世纪末，匈牙利的工业增长率已接近每年4%，在欧洲范围内有着极大竞争力。

　　这些都是为了说明，帝国的发展从来没有统一的道路，大部分工业化进程都是本地化和区域化的。因此，正如历史学家多米尼克·利芬（Dominic Lieven）所言，如果主宰着这个时代的是经济而非（社会）政治，那么奥匈帝国的地位或许会更为重要，但帝国政府关切的从来不只是经济。对哈布斯堡王朝统治的奥匈帝国而言，政权的分散削弱了其政治影响力——只与奥斯曼帝国实力相近。随着民族主义运动在巴尔干半岛盛行，塞尔维亚、罗马尼亚和保加利亚等单一民族国家的崛起不可避免地影响到了奥匈帝国的边境地区。这都表明奥匈帝国在欧洲，尤其是在局势多变的巴尔干半岛虽然仍属头等大国，但它也确实缺乏帝国应有的魄力，很难关注到经常变动的边界地区之外的事情。因此它也无法在全球工业资本主义的传播过程中发挥更重要的作用。

奥斯曼帝国与俄国和奥匈帝国一样，是一个拥有大量农业人口的多民族国家，它在维持（欧洲）"同盟体系"方面发挥了关键作用。中东在地缘战略中非常重要，任何一个欧洲大国都无法单独主宰，因此他们更希望中东地区主要受奥斯曼帝国控制。在19世纪的大部分时间里，奥斯曼帝国的经济增长也主要依赖于外国投资。与俄国的精英相比，传统的帝国领导人在引进新的外来制度方面更谨慎，因此这里的发展与进步多是依靠当地基督徒和欧洲人完成的。比如，土耳其的地毯产业就是在六家英国公司的扶持下才完成了现代化；伊斯坦布尔的所有商业银行和股票经纪公司都是由基督徒经营的；在奥斯曼帝国的商会中，希腊人占了至少三分之一。奥斯曼帝国认识到实现交通和通信网络现代化的重要性，于是在1860年后，铁路和电报得到发展，但发展速度不尽如人意。发起青年土耳其运动的部分帝国子民认为，可以参照日本的现代化进程，以土耳其民族主义推动帝国的现代化，但根深蒂固的宗教信仰和民族差异严重阻碍着这些方针政策的实施。

这一切都表明，虽然奥斯曼帝国横跨地中海东部多个最重要的全球经济贸易走廊，但到19世纪末，它还是沦为了外国资本的投资对象，而不是全球化的领导者之一。如果有更多的时间，它可能会制定出足以加强帝国统治的经济战略，但这也需要更多的时间，以及国内长期的和平稳定才能维持。帝国内部的种族和宗教差异，以及国内反帝国主义的强大民族主义力量，已经引发了希腊的独立，并同时在19世纪70年代推动一些巴尔干半岛的民族国家的崛起，因而挑战只增不减。与奥匈帝国一样，奥斯曼帝国首先选择转移国内矛盾，只要其他大国联手帮助他们和平处理这些问题，奥斯曼帝国就有生存的机会。当1912年、1913年，特别是1914年的战争再一次在巴尔干地区打响时，帝国又再次陷入了泥淖之中。

第 4 章　1850 年后的全球化基础设施建设

19世纪的帝国主义，作为产业扩张和资本主义发展的产物，其发展依赖于私营企业、政府及国家对帝国主义事业的积极推动。到19世纪70年代末，这些有形或无形的帝国野心，已经完全渗透进众多国家工业化进程的外交政策中，尽管如此，19世纪全球化和工业化的顺利推进，仍需要依靠企业和政府对大型基础设施建设的投资，这些基础设施塑造了人员、地域、物资、资金和思想之间日益紧密的联系网。

本章重点研究19世纪下半叶那些推进了全球化进程的项目，既包括实际基础设施的建设（如铁路线、运河、道路铺设、电报和电话线路、公共电力供应和环卫系统），也包括众多理念的发展（如维护主权和产权、完善发展银行制度、制定保险条例和法律法规以及达成更多政府间的条约和协议）。全球的互联互通不仅需要经济条件和政策的支持，还需要消耗大量人力物力——它是技术成就和脑力劳动共同作用的产物，是暴力与合作相结合的结果，是私营企业和公共权力协作的成果。

这些19世纪的建设成果及其巨大的发展空间，激发了许多同时代人的想象力。1872年，法国作家儒勒·凡尔纳（Jules Verne）的科幻小说《80天环游世界》（*Around the*

World in 80 Days）首次以报纸连载的形式出版。小说主人公菲利斯·福格（Phileas Fogg）在一次牌局上打赌，要在80天内环游地球一周，这个数字，正是英国《每日电讯报》（Daily Telegraph）估算出的环球旅行所需的最短时间。在接受挑战的当晚，菲利斯·福格就离开了伦敦。他途经苏伊士运河（Suez Canal）到达印度，穿过大印度半岛铁路（Great Indian Peninsula Railway），而后乘蒸汽船到中国香港，再到日本横滨（Yokohama），又横跨太平洋到达旧金山（San Francisco），沿美国横贯大陆铁路（American Transcontinental Railway）到达纽约，最终乘蒸汽船穿越大西洋回到伦敦。在经历了这一番异国冒险后，福格如约赶在最后期限前回到了家。

这部小说在英语文学界获得了巨大成功。凡尔纳其他大部分作品都是典型的科幻小说（19世纪兴起的一种新文学形式，借助想象出的科技进步，来描绘未来世界），而《80天环游世界》描述的则是一个可实现的目标。1889年，记者伊丽莎白·科克伦（Elizabeth Cochran）[也被称为娜丽·布莱（Nellie Bly）]用了72天的时间环游地球，并通过电报记录下了她旅途中的点滴，她甚至还在亚眠（Amiens）见到了凡尔纳。但即使是在《80天环游世界》出版时（1872年），凡尔纳在书中虚构的路线也是可以践行的：苏伊士运河和美国横贯大陆铁路建成于1869年，大印度半岛铁路也于一年后竣工。像凡尔纳描述的那样，这些伟大的工程建设将世界"变小了——因为现在的人可以比以前快10倍地环游地球一周"。

但在19世纪，还是只有很少的人能够真正像小说中的菲利斯·福格，或是现实中的娜丽·布莱这样大胆地环游世界。这个世界只向少数人敞开了大门。在19世纪，种族、阶级、性别和财富都极大地影响了个人未来的发展。虽然工业全球化为一些人开辟了新的机会，但它也阻碍、限制乃至阻遏了另一部分人的发展。比如，1899年，波兰水手康拉德·科尔泽尼奥夫斯基（Konrad Korzeniowski）以他的英文名约瑟夫·康拉德（Joseph Conrad）为笔名，写了一本揭露工业帝国主义消极影响的小说。他的作品《黑暗之心》（*Heart of Darkness*）反映了全球资本主义的腐败内核，以及工业帝国的边缘地带（如非洲的刚果）充斥着的贪婪与堕落。康拉德对全球化的批判，主要是基于他自己环游世界的经历，因为他曾在刚果目睹工业化对土地、野生动物和人民的剥削。因此，在凡尔纳书写着那些有足够金钱和机会的人环游世界的新奇感时，康拉德则时刻担心着全球资本主义发展向人类和环境讨要的高昂代价。

苏伊士运河、美国横贯大陆铁路和大印度半岛铁路都是为了提高出行速度、改善人员运输和货物流通的条件而建设的，此外，投资它们的个人也能从中获得不菲的收入。作为资本主义的又一大成果，这些项目需要同时具备企业规划、项目投资、政府采购和大量劳动力才能完成。苏伊士运河的开凿最初是由法国领事斐迪南·德·雷赛布（Ferdinand de Lesseps）在19世纪50年代发起的，但要真正建成，还需要从世界各地广泛地募资。苏伊士运河的建造共历时10年，来自埃及和其他地方的数万名劳工被迫或是自愿参与其中，不少人更是因此丧生。就像19世纪其他的许多项目一样，苏伊士运河的背后是大量的血汗和泪水，以及巨额的资本投入。

但苏伊士运河的竣工具有革命性的意义。1869年运河通航后，地中海到红海的航程直接缩短了7000千米，人员与船舶出行的方式发生了翻天覆地的变化。这条运河有效地将亚洲、大洋洲、中东和东非联系起来，同时，印度洋区域的经济也更直接地与欧洲经济挂钩。苏伊士运河增进了全球贸易往来、促进了全球移民活动和全球资本主义的发展，正如瓦雷斯卡·胡伯（Valeska Huber）所言，苏伊士运河以多种方式加强了全球各区域之间的相互联系，其通航是19世纪最大的成就，更是全球互联世界的活力最好的体现。塞得港（Port Said）位于苏伊士运河北端的地中海沿岸，这里发展成了一个繁华的服务型城镇，为来往的蒸汽船、乘客和船员提供煤炭、食品和休闲娱乐。该镇的发展也体现出19世纪全球化发展的两面性：一方面它展现出了一个工业港口城市应有的繁荣，这里汇聚了来自世界各地的商人、银行家、水手、外交官和移民者，是当今发达世界的缩影；而另一方面，塞得港里也满是醉汉、赌徒和妓女，是一个司法管辖模糊、各种族泾渭分明的城镇。在这里，法律和秩序难以发挥其效力，犯罪现象分外猖獗。

如果说苏伊士运河展现了19世纪基础设施的全球性，那么美国横贯大陆铁路系统的建成，便是美国在19世纪国家建设中暴力的体现。铁路和电报线路的建成，将美国边境地区与东海岸的政治中心连接起来。但这项工程耗费了数以万计的人力，许多人不幸丧命其中，而这种依靠清除原住民、褫夺其土地，以实现所谓新形式的"进步"的方式，却为新移民提供了充足的动力。在过去，需要乘船绕过南美洲南端的火地岛（Tierra del Fuego）或乘马车穿越广阔内陆地区才能到达美洲大陆的另一端，而随着这些工程的完成，东西海岸相连，原本漫长而危险的旅程被大大缩短。像芝加哥和圣路易斯这类位于铁路交汇点上的大城市，也随着不断扩大的美国铁路网发展起来。作为一个由50个州组成的国家，美国在很大程度上也是工业化时代的产物。巴拿马运河（Panama Canal）于1914年竣工，它的建造离不开大量的国际与国内机构的支持。巴拿马运河横跨巴拿马地峡（Panama

Isthmus），由此将大西洋和太平洋连接起来，形成一个真正互连的海洋空间。它的建成使美国得以在随后的一个世纪里崛起，逐渐发展成一个超级大国。

与此同时，大印度半岛铁路也将印度次大陆的内陆地区，与位于漫长海岸线上的众多全球贸易港口连接了起来，加之苏伊士运河的开通，孟买的对外联络得到了大大改善，二者共同巩固了孟买作为印度经济门户的重要地位。在整个19世纪，孟买的人口迅速膨胀，1833年孟买的人口仅为23万，到1891年则超过了80万。随着铁路网络的普及，印度也逐步实现了现代化，到1900年，印度的铁路里程已占世界总里程的5.3%；到1910年，印度已拥有世界第四大铁路网，仅次于俄国、德国和美国。然而，印度铁路的建成也是为了满足资本主义的殖民扩张需要。印度铁路受英国殖民政府的要求，耗费了大量当地劳动力，以破坏当地环境为代价才得以建成，却主要用以为英国投资者谋取利益。1845—1873年，在英国人向南亚投资的2.71亿英镑中，有2亿用于修建铁路。这笔投资既是为了牟利，同时也是为了更好地对当地进行控制。殖民者希望借此得以更容易和轻松地统治广阔的印度次大陆，并进一步开发这里的人力和物质资源。

若没有一些关键因素的共同推动，所有这些基础设施计划都无法达成。而其中最重要的，就是投资者愿意为这些项目投入大量资金。从他们的角度来看，降低相关风险是最重要的。为实现这一目的，则需要考虑一系列的相关问题：例如，火车路线沿途地区的主权是否明晰？建设过程中，是否能够保证有可靠稳定廉价的劳工、钢铁、木材和其他资源的供给？线路建成后是否真的有稳定和廉价的煤炭运输需求？该地区治安如何，是否安全？当地是否有完美的法律和治安机制，为收取运输费作保障？地方当局的税制是否合理？当地是否有可行的银行系统以进行金融交易？该地区是否有一个可靠的货币体系？本地社群的时间标准是否一致？当地人、外国企业和商人使用这些设施是否便利？火车和轮船的通行安排将如何在当地和全球范围内协调？如果风险投资失败会怎样？投资者的投资是否有保障？如果发生战争、民众骚乱或纷争，投资是否会付诸东流？

　　诸如修筑铁路、搭设电报电缆和开通国际运河此类需要多国共同参与的基础设施建设，其长期安全需要得到保证，而这种保证主要来自当地社群（或至少是当地政府）和高层政府官员的投资和支持。国际条约也可以帮助减少风险、实现利益最大化，因而在建设过程中也是必不可少的。例如，苏伊士运河的建成不仅需要从埃及政府（运河所处区域的领土所属国）获得长期租赁土地的许可，还需要通过一项国际条约使运河中立化。这样一来，无论是哪个国家拥有苏伊士运河公司和运河租赁权，即使在战争期间，所有其他国家也都能够在向公司支付费用后，使用运河运输其商船和军舰。比如西班牙政府就在1898年的美西战争（Spanish–American War）期间向苏伊士运河公司支付了1.2万英镑，以保证其海军船队的顺利通过。巴拿马运河也有类似的条款约定。这些跨洋运河对全球经济运作极其重要，与所有工业国家的发展紧密相连，因而不能由任何一个主权国家单独控制。

出于相似的理由（最大化市场准入和经济利润，提高国家的凝聚力和内在联系），工业化国家对其国内的交通和通信基础建设进行了大量的投资。他们与私营公司签订合同，并给予后者特许权，让他们负责修缮道路、建造铁轨、开凿运河、搭建电报和电话线路，以及提供公共用电；国家集中控制邮政系统和银行监管体系，扩大警察和司法体系的权力范围，其目的是保障国家安全、镇压劳工运动，以及保证合同顺利实施；国家还出台法律，将没收土地的行为合法化。这些做法绝非出于善意，而是为了提高盈利、加强监管以及进一步扩大帝国势力。他们强加给公民和臣民的法律和秩序是"特别的"。那些最为成功的基础设施建设很好地适应了当地的条件，得到了当地的鼎力支持，因而得以运转。一项基础设施能否取得成功，如同一个帝国能否称霸一方一样，取决于当地人民、地方社群、商业利益、政府和国际环境互相的关系。

19世纪下半叶，在工业化国家的支持下，全球基础设施建设的数量呈指数型增长。1868年，全球共建成了135 378英里的电报电缆，发送了2550万条电报消息；而到1905年，全球新建电缆的长度已达786 340英里，共发送了3.92亿条消息。在同一时期，全球水域的蒸汽船的总排水量从270万吨（1870年）增加到2.62亿吨（1910年），世界铁路网覆盖距离从1840年的5500英里（主要位于英国、欧洲和美洲）增加到1910年的640.4万英里（已在除南极洲外的所有大陆建成）。那些大胆投资的国内外私人投资者和代理商，都在这波高速发展中赚得盆满钵满。

在加速完善基础设施建设的这番热潮退去后，各国之间的联系变得越发紧密。在那时，一个有钱人不再需要花费几个月的时间，而是仅仅几个星期就能环游地球一圈；随着1902年跨太平洋电报线路的完工，一条信息甚至可以在几分钟内实现绕地球一周的传输。19世纪的全球化是工业革命的结果，是技术革新和资本投资结合的产物。如前几章所讲，虽然工业化往往最早始于企业家对私人企业中的新业务的投资行为，但继帝国政府和地方层面出面赞助后，工业化便由此蓬勃发展起来。因此，全球化也是对帝国主义和资本主义的一种发展，它把整个世界塑造成一个网络，或者像历史学家斯蒂芬·克恩（Stephen Kern）在他的著作《时空文化》（*The Culture of Time and Space*）中所说，全球化"以钢铁的触手"实现扩张，将一切吞入"国家和国际市场的主流"，并把"陆上和海上市场整合为统一的商业单位"。

当然，仅仅是建设交通和通信网络，并不足以支撑起工业化帝国全球实力的提升，一个切实可行且稳定的国际经济体系，以及一个稳定且可靠的国际政治体系也是必不可少的。工业化的成功在很大程度上依赖于一个稳定、可预测并且可靠的国际环境，以便货物、思想和人员得以持续流动，它还需要一定的军事实力和治安力量作为支持。正如贾雷德·戴蒙德（Jared Diamond）所说，西方的力量也是靠"枪炮、病菌和钢铁"建立起来的，做好向海上拓展的准备，并使之逐渐壮大。西方国家的发展还依赖于他们制定出的一套统一的规则，用以规范和调整国际关系（经济、外交、法律、社会、科学等各个方面）。到19世纪下半叶，许多新的制度涌现，将现有的国际关系体系化。本章的其余部分将重点介绍其中最重要的一些制度。

由于领头的工业化强国主要是英欧国家，所以许多全球理念也都是根据英欧的标准和价值观演变而来的，这些工业大国对海外殖民地的征服，也使其能够更快地将标准化的规则和行为方式，强加给殖民地的群众。这种全球互联的体系，包括经济交易、航行时间表的安排，以及信件的邮寄等方面，都在将世界按照西方的法律和秩序进行重组。西方的理念、西方的殖民者和流通物资占领了这个世界，但这既不意味着各地本土文化的消亡，也不代表文化渗透是一个单向的过程。全球化使思想和人类的流通与交流（无论其来源于哪里）变得更加容易和频繁。但不可否认的是，西方的规则仍在全球环境中占主导地位，所有群体都承受着这些来自西方规范的冲击，并不得不学会与之相处或进行周旋。

接下来的内容，将对世界统一时间、全球银行和保险系统，以及国际条约（国际法）这类关键的概念性制度的建立进行简单介绍，并阐述它们是如何支撑全球资本主义的发展和工业化帝国力量壮大的。此外，下文还将揭露，当时的人们是如何制定通过国际协议和建立国际机构，对全球性互动进行规范和管理的。它还强调了国际互联性增长带来的两个基本影响：全球媒体环境的发展和世界性空间的兴起，使来自世界各地的人员、思想、金钱和影响都在这里发生交互。第5章中强调了人员流动对这些发展的影响，以此印证这些观点，而第6章则描述了为这些发展付出的巨大环境成本，第7章和第8章主要分析了它们对稳定国际环境、挑起战争、平息动乱，以及对一系列全球和地方政治意识形态的发展的影响。

在农业社会里，时间往往是由太阳的运动和季节的变化来确定；而在工业社会中，时间往往是由钟表来记录的，工资可以按小时计算。因此，工业革命的一个重要影响就是广泛采用机械计时，最终制定并采用了世界时间（格林尼治标准时间，GMT）。它将全球划分为不同时区，旨在让各国政府统一采用新的时间系统。1880年，英国将所有公共场所的时间改为格林尼治时间，再之后，日本于1888年，比利时和荷兰于1892年，德国、奥匈帝国和意大利于1893年陆续采用了格林尼治时间。全球贸易可预见性的日益增强，是各国采用世界时间的一大重要推动力，而且全球的电报和电话也因在同一时间线上运作而得以互通。众多港口张贴出航运时间表，并将其刊登在大多数主要报纸上，铁路时刻表同样也被精心安排好并且广泛传发。乘客和商人可以按照这些时间表出行，或是将他们的货物送到他们想要的地方。

国家要想从全球互联中获得最大利益，就必须仔细追踪进口、出口、关税和税收。工业化伴随着大量的文书工作、官僚主义和规则制定，这些工作在国家的边界地带则显得尤为重要。工业化也依赖于高度的跨国合作，如今的外交活动倾向于更多地由政府的正式代表和商业实体的代表进行。不足为奇的是，在19世纪，人们见证了外交事业的发展，作为商业和外交交流的场所，大使馆和领事馆遍布全球的港口和贸易中心；在19世纪，人们还见证了国内政府服务的专业化和服务范围的扩大，政府职责范围扩大，涵盖了从征税到建设教育设施，再到路政管理和医疗保健的各项事务。在这个工业化时代，国家在公民和臣民的生活中发挥着越来越突出的作用。

如果邮政服务的扩大和集中受政府所控，那么随着铁路的普及和航运时间的固定，信件、包裹和印刷品流动的规范化管控也成为可能。政府意识到，他们不仅可以通过发展安全可靠的用户付费邮政服务来赚钱，还可以借此对货物的流向进行更严密的追查。1840年左右，机器生产的信封和邮票问世后，邮政服务逐渐趋向标准化。第一张预印的明信片也是在这个时候出现的。许多汽船公司与地方当局签订合同，获得从事跨城运输邮件业务的许可，并从中赚取了可观的利润。

但要想使这种邮政系统发挥其国际功能，也就是让用户可以把物品运送到国外，还需要政府之间达成协议。于是在1874年，顺应工业化国家要求，万国邮政联盟（Universal Postal Union）在瑞士成立。该联盟为来自其他国家的邮件运输提供担保，这样，即使跨国邮寄在运输途中需要经手各国邮政公司和各种航运服务机构，一个发自新德里（New Delhi）的包裹还是可以被顺利运送到位于圣保罗

（São Paolo）的目的地。出于类似的目的，国际电报联盟（International Telegraphic Union）于1865年成立，旨在于不同国家和电报公司间建成一个快速有效的国际通信网络，该联盟而后不断发展，又于1906年签订了一个无线电报公约。由此可见，将私营企业与政府决议结合，是这些跨国服务得以扩大的重要原因。

规范世界货币体系和建设全球工业化基础设施同样重要。随着全球贸易的扩大，各国不仅要为资金交换、保护提供更高的安全保障，其发展还依赖于国际银行体系的完善。到1880年，全球经济日益一体化，部分是因为全球性的银行业务已经初具雏形，而且金本位制已被接受用以计算当地货币的汇率。伦敦位居全球银行体系的中心，而无论是在塞得港、香港还是位于萨摩亚（Samoa）的阿皮亚（Apia），银行和政府一样，在全球贸易网的范围内地区几乎都有代理点。

保险制度的发展，也标志着全球贸易的扩大和全球经济的发展，这些保险计划可以为商人和船主在全球供应链运输中任何潜在的损失做风险担保。对于银行和保险经纪人来说，国际外交的稳定，以及保障世界通信和运输网络的平稳运行，至关重要，然而他们只能指望帝国的政府来帮他们确保全球互动中的这两个重要前提。

各国政府也可以从了解进入自己管辖范围的人或货物的过程中获益良多，他们必须权衡对自己国内生产的物品设定进出口关税以及相关税收所带来的潜在好处与风险。无论他们是像英国人一样主张自由贸易政策，还是像19世纪七八十年代全球经济衰退期间的众多国家一样支持贸易保护主义，监管好国内和国际交易是所有国家的首要责任，对国内和跨国界的人员流动的监管亦是如此。

然而，19世纪全球通信网络的一个显著特点是，它为人员流动提供了更加便利的条件。虽然护照已经存在了几个世纪，在19世纪也被使用过，但到了19世纪60年代，许多欧洲人和美国人几乎不需要什么正式的文件就可以进行跨国流动，因为欧洲国家和美国政府致力于保护公民的旅行权力，然而这种情形却并不适用于世界上其他国家的人民。虽然移民是19世纪的一个显著特征（见第5章），但随着越来越多的船只穿梭在各个大洋间，在帝国内部或各个帝国之间进行迁徙需要受到的审查也愈发严格。到了19世纪后几十年，大多数工业国家正式将受欢迎的移民和外国游客，与不欢迎入境的或有潜在危险的移民区分开来，种族、阶级、性别和户籍地成了决定一个人是否需要护照，以及是否有权进入一个国家并在此定居的关键因素。

通行的船只满载着移民、地理学家、科学家和游客，他们在世界各地寻求新的体验，至少对这些人来说，他们可以通过购买一张船票获得到达世界上其他地方的许可，就像法国诗人瓦莱里·拉博（Valéry Larbaud）在1908年说的那样："只要我们愿意，我们可以到达地球上的任何一个角落！"到19世纪后几十年，旅行在所有工业化团体中发展成为一种消费品。英国旅行商托马斯·库克（Thomas Cook）自19世纪40年代开始组织人们在当地旅游，到19世纪60年代，托马斯·库克依靠他组织的欧洲之旅而名声大噪，之后他又在19世纪90年代组织了类似于儒勒·凡尔纳的作品中所描写的环球旅行。他出版的旅行指南让游客们可以充分享受每段外国之旅，受到了大家的一致好评。德国的贝德克尔（Baedeker）出版公司也从1827年起开始印刷一些欧洲热门目的地的旅行指南，到19世纪70年代，该公司出版的旅行指南已经覆盖到一些非欧洲国家和地区，包括美国、叙利亚、埃及和印度。《贝德克尔旅游指南》（*Baedeker Guides*）以德语、法语和英语出版，配有丰富的插图和实用的当地旅行建议，直到第一次世界大战爆发之前，它一直是最受欢迎的旅行图鉴。全球旅游主要受富有的西方白种人欢迎，到1900年已经发展成为一种普遍现象。

随着国际经济、外交、社会和文化交流在19世纪逐渐加强，更多有效的国际组织的设立成了当务之急，以规范和普及基本的国际价值观。除去万国邮政联盟和国际电报联盟，其他国际组织和机构也层出不穷，提供了促成国际交流和合作的重要机制。这些机构得到了工业化国家政府的大力支持，为处理一系列复杂国际问题提供了重要的参照。其中一些组织，像是成立于1878年的国际铁路货运联盟（International Union of Railway Freight Transportation）和1909年的汽车大会（Automobile Conference），都旨在实现国际运输的标准化，包括解决车辆应该行驶于道路的哪一侧、铁路轨距的宽窄和燃料的稳定供应等问题；另外一些组织，如1875年的国际度量衡协会（International Union of Weights and Measures）和1890年的国际海关和关税联盟（International Union of Customs and Tariffs）的成立，是为了给货物的流通、计量和税收确定可行的准则；此外，1883年的保护工业产权联盟（The Union for the Protection of Industrial Property）对专利问题进行了规范，1886年成立的海牙保护艺术和文学联盟（Hague Union for the Protection of Art and Literature）则确立了可以跨国界实施的版权条例。

还有些机构的设立旨在解决公共卫生问题，包括改善卫生系统和控制像肺结核病、霍乱和疯牛病等可以在人和动物之间传播的传染病。各国政府在卫生问题上的合作举足轻重。孟买是一个与全球密切相连的工业中心，所以19世纪

80年代的孟买瘟疫，不仅造成了本城的大批人口死亡，还威胁到了整个印度洋地区，甚至将危险进一步扩散到更远的地方。监管好人员和货物的跨国流通，对于建立一个可靠的全球互联体系至关重要。到了19世纪后期，国际组织和监管部门开始负责对包括酒精和毒品在内的成瘾物质的销售和交易进行严格管控，英国很快将不能再不受法律约束地任意贩卖鸦片。

众多国际组织的存在足以说明日常生活的全球化和国际化，同时人们进行大量数据运算、保存和信息收集的力量也呈指数级增长。例如，1860年的国际统计大会（International Statistics Congress）提出，信息收集是政府发现问题以及改善人民生活最有用的渠道。这些统计学家指出，可以用数据衡量的事物，都能由此得到改善。因此，统计学家致力于利用数字来促进人类的幸福，如果知识是力量，那么数据资料和信息，就是政府、银行和公司宝贵的货币。早在21世纪社交媒体和大数据发展起来之前，工业国家便已经着手对人类活动进行数字评估，并追踪当时各国的国际化进程，所以在19世纪后期，更合情合理地处理国际事务的计划也日渐臻善。1900年，国际机构中央办公室（Central Office of International Institutions）在布鲁塞尔成立，计划将这些国际机构统一集中在一个"世界城市"中。

这些机构中有许多已得到了政府的官方认可,他们促进各国设立更多国际条约、达成更多友好协议。也有一些私人机构在国际上提供范围广泛的服务,例如,一些地理制图机构,绘制出世界地形图,以此向更多的个人和国家提供准确的地理信息,帮助客户确定国家或个人所有权、界定国界,或是促进建设项目的开展。英国皇家地理学会(British Royal Geographic Society)成立于1830年,并于1888年开始出版《国家地理》(*National Geographic*)杂志,后者至今仍风靡全球。中国的地理学家也出于类似的原因开始绘制世界地图,意图在世界范围内确定自己的领土主权范围。

历史学家利萨·福特(Lisa Ford)和劳伦·本顿(Lauren Benton)在他们的著作《法律帝国的铸就》(*A Rage for Order*)中描述了19世纪初英国殖民者为了扩大自己的利益,是如何将自己的法律和秩序强加给殖民地区的,意图借此管控他们划定的殖民地区和其文化中的"混乱现象"。福特和本顿认为,现代国际法的源头,可以追溯到这个时期殖民扩张者的想法:希望帝国不论在实体的英国殖民地,还是在商业利益增长的虚拟交易市场,都可以建立可预测且可持续的治安条例和法律法规。这些法律强制当地人接受个人财产权的概念,以便不断利用当地社群进行商业开发,不仅如此,商业交易的规范也是按照这些西方人的标准来制定的。

他们还将西方用来决定谁有权在划定的范围内制定和执行法律的方法，强行推广至世界大部分地区，取代了许多之前的管理模式、财产所有权制度以及规则制定标准。

19世纪，工业化国家不仅是通过将其法规和价值观强加给殖民地，还依靠着政府间、跨国公司间以及利益相关者之间签署的协议和条约，才得以推行工业化和帝国扩张的进程。在工业全球化的进程中，合同、条约、法律和律师都起到了关键作用，以至于在19世纪50年代后，各国政府越来越多地雇用国际律师，帮助他们制定帝国主义政策和外交政策。这样的做法是非常有必要的，因为随着跨国贸易的增长和国际商业条约的扩展，也出现了更多的分歧、冲突、诈骗和违约事件，倘若不能正确处理违约行为以及不合理的强制执行措施，有可能致使政府陷入复杂、危险的外交形势，甚至可能引发战争。

举例而言，19世纪七八十年代，欧洲列强通过强制签署条例和强制性征用的举措，推行其"瓜分非洲"的政策。历史学家史蒂文·普雷斯（Steven Press）在他的著作《流氓帝国》（*Rogue Empires*）中，讲述了这些野心勃勃的、"在道德层面上善于变通"的欧洲人，是如何通过制定欺诈性条款，将大片非洲领土主权转让给私人公司的，后者又是如何无情地统治着他们的"封地"，剥削着这里的劳动力的。1885

年，这些欧洲大国签订《柏林条约》（*The Treaty of Berlin*）（详见第5章），企图通过这样"正规"的手段，在非洲大陆重振雄风。他们让刚果保持中立，以确保各个列强都可以对该区域的商业、通信和运输线路有一部分的控制权。他们让比利时（欧洲的一个中立国）的利奥波德一世国王领导一家私人公司，并负责该区域的管理，以最大限度地减少各个帝国和公司在非洲发生战争的可能性。1885年条约的签订，确实展示出所有工业化国家急需在国际环境中重获"统治权"的紧迫感。虽然该条约未能真正结束对非洲和非洲人民的压迫（康拉德的《黑暗之心》描绘了欧洲征服非洲的过程实际上是多么具有剥削性，而其邪恶本质往往又被隐藏起来），但它确实重构了非洲的管理体系，这些条例由大国制定，符合西方的国家地位、主权概念和法律制定模式，即使西方国家在当地的公司大多为私营公司，但实际上仍享有在非洲发号施令的权力。

19世纪，国际法的发展和解决一系列国际冲突的措施的完善，从众多角度来看，都可视作（欧洲）"同盟体系"发展进程带来的副产品，其产生具备必然性。各国都极度避免与敌对势力发生冲突，因为最终的结果要么是两败俱伤，要么是付出高昂代价。在这样的外交环境中，为改善和规范国际关系、完善国际商业秩序，制定规则和条例有着极大的意义。所以在19世纪下半叶，为规范国际中立法（在战时保护非参战国的经济发展）和完善国际冲突解决机制，如仲裁（由中立方进行裁决解决冲突）和调解（由中立方协调各方进行谈判解决冲突），众多工业化国家签订了一系列国际协议。

19世纪下半叶，各国官僚机构和外交使团以及国际法，都不断趋向于专业化。从19世纪中叶开始，大学业已将国际法与国内法律实务分开，使之成为大学里一门单独的学科。此外，包括拉丁美洲的国家、中国、日本甚至朝鲜在内的一些非欧洲国家，更是斥巨资培训自己的国际法律师，要求他们精通西方的法律原则和概念。因为这些国家都非常清楚地认识到，西方法律传统和国家观念，在现在的国际环境中有着越来越大的发言权。无论这些国家乐意与否，他们都必须使自己的法律实务与这些西方的法律传统保持一致，这样才能在这样新的全球外交和经济框架下，维护好自己的主权利益。

19世纪的许多事物，均与全球化和帝国扩张有关，是"西方世界"种族主义和文化偏见的产物，国际法也不例外。而更严重的是，这些条约、规则以及国际法，以种族化的方式，界定了一个用以明确主权和政权的权利——"统治权"。换句话说，这类法律将那些有统治权的人定义为"文明"国家或帝国的公民，而那些被统治的人则属于"臣民"——一个只拥有较少的权利和特权的群体，此举不仅表现出白种人的种族优越感，更是强行将其种族占据优先地位的意识施加给世界。在英欧国家，公民往往是白人；没有公民权的"臣民"则往往不是白人。在这样的时代思潮下，种族优越性也与工业化国家的公民所取得的技术和科学进步（以及所享受的资本利益）直接相关。正如我们在第7章中将会看到的，这种对"文明"的定义，也默许和促成了英欧人对非欧洲人的暴力行径。

19世纪，许多信奉基督教的英欧白人认为，"文明"不是一个观点或视角，也不是种族自身，而是一种可以量化的品质，是19世纪的统计学家可以测量和描述的东西。因此，如果一个国家或帝国想跻身"文明国家"的行列，首先必须要有明确的领土边界，其次是该国家应由一个保护私人财产权的独立立法机构统治，该国还应该接受西方国际法的条例，并可以以平等的身份参与国际外交事务。要想成为"文明国家"的一员，该国统治者需要接受以上原则，并依次照做。任何不遵守这些规则的社会，都不能被认证为"文明"社会，而将沦为"野蛮的"（或者最多也就是"半文明的"）社会。这样一来，这些未被认可的社会，就会变成标靶，"文明国家"可能会强行占领和统治该国家的领土和人民，对其进行"文明开化"，并家长式地宣称，他们发起的帝国主义战争只是为了完成"文明的使命"，只是想用更加"高级的"方式来教化这些"低级的"人民。这一说辞不仅是对许多英欧人的自我评估的高度认可，也是对其19世纪全球殖民活动的支持。当然，这些行为在许多被殖民和受到剥削的非欧洲人看来，极具侵略性，正如第7章和第8章中所述，他们也花费了大量精力来抵制这些行动。

19世纪国际法的发展和传播，是一种固有的殖民化发展模式，推动了国际工业资本主义崛起，并加强了英欧世界对其他国家政治和文化的控制。即便是日本这个在1870年后迅速高效地完成现代化的亚洲国家，也只能在这个西方工业国家设立的国际法律、外交、军事和经济体系框架中运作。日本明治维新的成功，很大程度上是因为当时的日本政府同意加入西方国际体系。日本高效、有效的工业化进程以及军事力量的大幅提升，很大程度上推动了日本提出其公民也具有一定种族优势的理论。

19世纪的全球化进程，很好地建成了一个以种族为基础的国际权力架构，但这绝不是这一进程的全部内涵。与19世纪的众多发展一致，全球化进程中既有冲突不断的一面，也有和谐共存的一面。一方面，工业全球化进程将一个种族化的层级分布——"全球肤色链"——深植全球关系中；另一方面，它又开辟了许多世界性的空间和场所，不同的文化和思想得以在这里碰撞交织。此外，它还加深了同代人对于"归属"和"差异"的理解（见第8章）。因此，现代性得以在这些有交互的世界性空间中萌芽发展，就如同其在全球权力体系中一般。

人们对生活在这样一个全球互联的世界中的独特意识，就承载于这些全球化基础设施中：在火车、轮船、电报线上，在信件、报纸、电话交谈中，或是在货币交换和商品销售的过程中。只要有人类的相处，或是货物的流通与思想的交流，文化便得以紧密相连。即使是远在非洲、加勒比海和拉丁美洲的种植园经济体，也需要进口欧洲和美国的工业产品。随着全球化基础设施建设的完善和人类在世界各地的流动性的提高，全球性意识（与世界各地人民相连的意识）不断增强。该现象在众多作为全球商业和移民枢纽发展起来的城市中尤为明显，如伦敦、利物浦、孟买、新加坡、上海、芝加哥、塞得港和洛杉矶。在这些全球互联的城市之外，也发展出了一些意想不到的国际性社区。

比如，新西兰奥特亚罗瓦（Aotearoa）19世纪的发展史就值得一提。位于柯罗拉勒卡（Kororareka，今拉塞尔）的毛利人定居点不断发展壮大，到19世纪初，生活在其中的居民已包含捕鲸者、水手、传教士、酒保和妓女等多种类人群。当地的毛利人利用他们与这些人的联系，在国际经济体系中赢得了自己的立足点。他们扩大自己的农田面积，投资航运，并在悉尼的杰克逊港、帕皮提（Pape'ete）和诺福克岛的市场上售卖自己的产品。毛利人首领前往这些市场，并进一步前往欧洲，再带着新的农作物、工具、武器和动物回来，为本民族谋求最大的发展机会。还有一些毛利人在捕鲸船和贸易船上工作，于途中周游了世界。

自1815年起，越来越多的外国人前往新西兰，以至于法国和英国政府争相夺取对这些南太平洋岛屿的正式统治权。在毛利人发表《独立宣言》失败后（见第2章），1840年签署的《怀唐伊条约》正式将新西兰归入大英帝国的殖民地。其后果对于当地的原住民来说无疑是灾难性的——不仅会有更多的外国人和移民来到新西兰，而且英国政府还将他们的法律法规强加给这里的所有居民，没收毛利人拥有的土地，并且无视条约里的许多条款。北岛中部的毛利人哈普部落（hapu）甚至与英国人开战，以反对这些非法的侵犯。

但是，外国人还是纷至沓来。港口城市奥克兰汇聚了来自世界各地的游客、船只和捕捞队，充分展示出19世纪50年代太平洋地区已变得多么全球化。19世纪60年代，新西兰兴起一股淘金热，随着这股浪潮，甚至该国最偏远的一些地区，也发展成了多元文化的聚集地，比如位于西海岸的霍基蒂卡（Hokitika）镇。1867年，该镇人口已经达到了6000

（成为当时新西兰的第六大市镇），并坐拥100多家旅馆和众多妓院，同时也是新西兰最富有、最繁忙的港口。1870年，人们在南阿尔卑斯山的礁石上又发现了黄金，另一个新的城镇——里夫顿（Reefton）随之发展壮大。两年内，这里的人口达到了3000，其中包括来自中国、美洲、澳大利亚和欧洲各地的人。到1888年，里夫顿成了南半球第一个获得公共电力供应的城镇。与全球化影响下发展起来的许多其他地区一样，里夫顿也发展出了自己的报纸——《伊南阿瓦先驱报》（*Inangahua Herald*）。

与此同时，罗托鲁瓦湖（Rotorua lakes）附近的地热区，像是蒂阿洛哈（Te Aroha）的温泉、风景如画的奥图卡普兰吉（Otukapuarangi，粉色梯田）以及特塔拉塔·（Te Tarata，白色梯田），都成了著名的旅游胜地，吸引了众多外国游客前来参观，包括著名作家安东尼·特罗洛普（Anthony Trollope）和马克·吐温（Mark Twain）。这些以白人为主的富人，主要来自英国、澳大利亚和美国。他们沉醉于这里的风景，充分体会到了当地毛利文化的异国情调。旅游业给当地人带来了不菲的收入。新西兰政府也意识到，将新西兰打造成一个旅游胜地，其收入不可估量。因此，政府从罗托鲁瓦的特阿拉瓦人（Te Arawa）手中购买土地，建立起具有欧洲特色的健康疗养中心，并在1901年成立了专门的游客中心和疗养院，开创了世界历史上的先例。此外，该国政府还致力于建成一个全国铁路网。到1900年，新西兰的铁路线已运行超过60万次，这对一个仅有80多万人的国家来说是一个惊人的数字。

在前往新西兰的途中，这些游客还顺便参观了一些国际转口港，如赛德港、孟买、悉尼、旧金山和新加坡，或是太平洋地区一些较小的港口，如塔希提岛的帕佩埃特、萨摩亚的阿皮亚和夏威夷的火奴鲁鲁（Honolulu），这些港口城市的深水港都是很好的煤炭补给站。同时，这些地方也是重要的电报站。1898年，为了保护太平洋中部入口这一重要地缘战略位置，美国吞并了夏威夷群岛，使其成为美国的第50个州。众多工业化国家共同争夺阿皮亚港的控制权，加剧了萨摩亚人民之间的紧张关系，导致这里从19世纪40年代以来就纷争不断。在一次"欧洲协调"式的精彩转折后，1879年，美国、德国、英国当局和当地萨摩亚酋长共同签约，在阿皮亚成立一个中立的市政区。该举延续了阿皮亚海滩经济中心的开放，旨在保护来自世界各地的船只、货物和客户。虽然这一尝试只取得了有限的成功（1886年爆发了第一次萨摩亚内战，1898年爆发了第二次内战，1899年群岛的管理权平分给德意志帝国和美国），但阿皮亚的繁荣，还是表明太平洋岛屿也是19世纪全球化世界的一部分。

但即使是在全球联系较弱的地方，人们对于"外面的"世界的理解也在提高，主要是由于识字率的提高，以及报纸上对于全球新闻的传播。19世纪90年代，油墨印刷机的发明极具革命性，人们以此可以快速、廉价、大批量地生产报纸，这与不断扩大的电报网络结合，推动了全球媒体的发展。到了1900年，新闻不仅可以沿着全球电报网络传递，也可以随着实体报纸在世界各港口和铁路枢纽流通。几乎每个城镇和社区都生产自己的报纸，根据1895年成立的国际书目协会（International Institute of Bibliography）的数据，1898年，全球共有52 000份报纸在流通。到1908年，全球已有71 000份报纸，其中亚洲出版了几千份报纸，非洲有300多份，即使是人口稀少的太平洋地区（包括澳大利亚和新西兰）也出版了1175份报纸。

最重要的是，这些报纸（期刊）不仅评论当地时事，推动当地商业发展，刊登铁路和航运时刻表，还会报道和评论全球新闻，经由电报网络，接收国际新闻机构每日更新的实时信息，诸如路透社（Reuters）、沃尔夫通讯社（Wolff）、哈瓦斯通讯社（Havas）和美联社（Associated Press）等报社。这样，每一家报社得以获取可靠的全球信息，并兢兢业业地将这些信息再版，新闻业由此也实现了专业化。一些较大的报社对于真实性和准确性非常看重，他们雇用了"特派记者"前往或定居在遥远的地方，以便第一时间获取一手消息来报道全球重大事件。从19世纪末国际报纸发行量的增势可以看出，发行报纸的媒体正作为"第四权力"崛起，提供一个可以制约政府，并让公众参与决策的平台。但报社也是以赢利为目的的企业，所以报纸上也会充斥着流言蜚语、对于政治和意识形态的偏见以及流行思想。毋庸置疑，各国政府已认识到，全球新闻媒体能够表达出公众的心声，并致力于通过报纸尽可能地满足公众的需求，其所能发挥的作用越来越重要。

当然，正如中国学者梁启超1900年所说，全球性媒体的演变，让人们通过阅读报纸，"足不出户也可以接触世界"。全球性意识的发展，与全球通信、全球新闻、全球资本主义、全球移民和全球基础设施的发展，有着直接的关系。总的来说，我们在接下来的章节中也会说明，这样的发展不仅增强了人们的互联意识和对同时性的感知，同时也让人类和环境付出了相应的代价，带来了全新的挑战，加剧了竞争，并增加了战争和冲突风险。

第 5 章　移民与有形和无形帝国的扩张

前面几章侧重于讲述，在"漫长"的19世纪中，于全球化进程中获益最多的个人及国家。1815—1914年，全球一派欣欣向荣，或许可以用霍布斯鲍姆口中的"赢家"的兢兢业业，对此场景解释一二。但是，正如上文反复强调的，全球化并不仅仅是计划的产物和有意为之的。它同时也是由一系列杂乱无章的人为举措演化而来的产物，其中一些属于意料之内的结果，却也有一些全盘紊乱、不受控制。19世纪是工业全球化的时代，其中最能展现其时代特征的表现之一，便是全球人口迁移——人和社群的迁移，旨在寻求一个新的定居点，并往往与他们的原籍地相距甚远。

2004年，历史学家亚当·麦基翁（Adam McKeown）发表了一篇开创性的期刊文章，其中描绘了19世纪跨洋、跨州人口迁移的范围，其范围之广，令人惊叹。他指出，1848年后，全球移民数量激增。截至1940年，已有超过5500万人迁入美洲，其中大部分是来自大西洋彼岸的移民，也有一部分来自印度、中国、日本和非洲，占比虽小，数量却仍十分可观（250万上下）。同一时期，另有约莫5000万人横跨印度洋、南太平洋（其中大约400万人来自更远的地方），5000万人跨越中亚大陆、进出日本。上述人口迁移中，相当大的部分（尽管并非尽数）发生在1914年以前。

　　1900年的梁启超可能心满意足于"足不出户"，通过报纸便能"了解世界"。但基于麦基翁的数据，19世纪，数不胜数的人起身迁移，其行迹遍布全球，与报纸带来的效应一样，均为工业全球化时代注入了活力。引发并促成这些移民行为的因素不一而足，比如，1815年后开放且相对安全的海上旅行、航运和运输路线的扩展，以及全球工业经济体中，人口迁移"推力与拉力"的动态发展。对于这数以百万计的移民，构成其中每一位移民的身份认同的核心，都是其个人或家庭的故事——讲述他们如何决意（或是迫不得已）背井离乡，去往一个他们所谓的"新世界"，开拓新生活。他们中的一些人，如淘金者或铁路工人，一生中甚至经历了不止一次的长距离迁徙。

　　显而易见，移民并非欧洲特有的现象。不过，长期以来，历史学家一贯使用人口迁移模式，来解释19世纪西方崛起，并逐步占据全球主导地位的成因。例如，历史学家詹姆斯·贝利奇（James Belich）在其《盈满大地》（*Replenishing the Earth*）一书中写道："1815年及以后，英国和美国中，以英语为母语的移民数量激增，他们不断开拓殖民地，乃至遍布全球，此举为英语世界主导其他国家政治、文化局势的形成，奠定了基础。"尽管在贝利奇看来，移民的激增，并不依赖于工业化的最初推动力（因为大部分移民行为发生在蒸汽船盛行之前，但在1815年维也纳会议之后）。但随着工业城市的蓬勃发展，如英国的殖民地（悉尼、新加坡和孟买等），美国的洛杉矶、旧金山、圣路易斯、芝加哥和纽约，移民的数量也随之成倍地递增。贝利奇的论点还有许多有待考证之处。毕竟，在1870年之前，迁往美国的所有移民中，有半数以上来自不列颠群岛。但随着工业全球化进程的推进，19世纪50年代后，其影响深入到越来越多的社群，人口迁移模式也逐步多样化。

于上述发展中，工业化起到了关键作用，很大程度上因其影响了大多数社群的社会经济基础。一方面，工业化为人口迁移提供了上升途径与机会，可将其视为"拉动因素"，比如，不断崛起的工业城市，为人们提供了工作，以及一个得以享受现代化所带来的"愉悦"的处所。另一方面，工业化也创造了一系列社会条件，使许多人更殷切地渴望迁移，可将这些条件视为"推动因素"，鼓吹人们离乡背井，启程去摸索一个未知的未来。我们不妨思考一下，在19世纪工业中心地带，工业革命都带来了怎样的社会影响。自工业化伊始，社会结构就已然发生了天翻地覆的变化。工业资本主义发展不平衡、不平等，不仅颠覆了传统手工业者、工人和土地精英的生活，同时也使工业城市中大量工人阶层，不得不

万国争先：第一次工业全球化

面对恶劣的工作、生活条件。不可否认，工业化积累了巨大财富，中产阶级各个腰缠万贯，大众得益于更加实惠的日用品，发明家们也广受好评与赞誉。但是，上述所有的发展都伴随着高昂的代价，并使得许多人陷入举步维艰、穷困潦倒的境地。

工业化推进后，首当其冲的便是技术精湛的工匠及其所属行会，他们的工作被价格低廉的劳工接手，其手艺也由机器替代，因而丧失了劳动和政治价值。于是，众怒难平，他们极力抵制工业发展进程。比如，19世纪初的数十年里，英国中部地区的"卢德派"工匠曾多次毁坏棉花原料、破坏羊毛厂，以此发泄愤怒；19世纪40年代，德国西里西亚的织工起义抗议廉价制造品的涌入，也同样具有破坏性；在印度孟加拉地区，一些工匠砍掉了自己的拇指，以抗议从英国进口廉价产品，后者业已严重影响了他们的手工业，即便其技巧是那么炉火纯青；1848年欧洲爆发革命，部分地区的革命甚至是由工匠群体所发起的，他们不满于工业化对其生计和传统价值的影响，因而揭竿而起。工业化进程中，机械化带来的优势与技艺超群的手工工人格格不入，后者很快便发觉机械化威胁到了自己的生存。但机器改进、工厂扩建的进程仍不断推进，技巧生疏（或不那么熟练）的产业工人数量激增，新兴工业中产阶级的财富日益增长，与此同时，发生在手工工人身上的残酷故事，也在周而复始地上演。

人们可能会认为，产业工人必定会从工业资本主义的胜利中受益匪浅，但恰恰相反，他们更倾向于将自己视作工业化的受害者。1848年，卡尔·马克思和弗里德里希·恩格斯发表《共产党宣言》，其中写道，工人阶级"失去的只是锁链，得到的将是全世界。"书中大肆批判原始资本主义制度，揭露大都市中无产阶级（工业工人阶级）所遭受的不公正对待。尽管如此，由于工业经济提供的工作数量与日俱增，其整体重要性突飞猛进，大量农业劳动者依旧选择离开农村，前往城市务工，寻求财运。因此，这些城市规模迅速扩大。但生活于其中的大多数无产阶级，光景十分惨淡，内外交困。查尔斯·狄更斯（Charles Dickens）的《艰难时世》（*Hard Times*，1854年）、伊丽莎白·盖斯凯尔（Elizabeth Gaskell）的《南方与北方》（*North and South*，1855年），以及维克多·雨果（Victor Hugo）的《悲惨世界》（*Les Misérables*，1862年），均对无产阶级惨淡无望的生活进行了深刻地描述。

我们不妨想象一下这样一副图景：1850年，英国产业工人超过英国总人口的三分之一，这部分人居住在工业城市，而工业城市的数量也在不断增长。工人阶级的预期寿命约为36岁，与之相比，中产阶级的平均寿命约为50岁。这种寿命的差异，源于巨大的贫富差距。英国的中产阶级，在全球工业资本主义经济中受益颇多，因而负担得起更好的食物、住宿和医疗保健。而工业工人阶级，做着开采燃料和制造商品的工作，是工业化进程中不可或缺的"螺丝钉"，却生活于凄风苦雨之下、供给短缺的贫民窟之中。他们的世界，家徒四壁，唯有贫穷。历史学家理查德·埃文斯列举了一些具有说服力的统计数据，进一步说明了二者的巨大差异。例如，他指出，英国桑赫斯特皇家军事学院的军官学员，家境优渥，相比于就读皇家海军协会下属慈善学校的工人阶级男孩，二者虽年岁相仿，前者的平均身高却比后者高出整整9英寸（约23厘米）。此外，婴儿的死亡率也同样能够体现贫富差距。1900年，出生于中产阶级家庭的婴儿，其存活率高达96%，而出生于工人阶级家庭的婴儿仅有67%。在法国和德国许多大城市收集到的统计数据也与此相仿，特别是在工业城市，其中的贫民窟拥挤不堪、通风不良，肺结核和霍乱引发的后果更为致命。

这些不平等的现象，也并非湮没无闻。19世纪社会动荡，多次发生革命抵抗、劳工动乱、罢工和抗议，而这些不平等的现象，为这些抗争活动的兴起提供了一个有力的解释。此外，这些运动还促进了全球范围内，一系列政治思想和意识形态的勃兴（参见第8章）。尽管这些政治活动一定程度上缓解了工人阶级的苦难，但"撒旦的磨坊"与"资本主义的贪婪"恶名昭彰，许多人仍情愿破釜沉舟，逃离当前的"悲惨世界"，冒着风险进行海外航行，来到一个人生地不熟的新环境，开始新的生活。

综上所述，工业化对社会带来的影响，在人们决定是否迁移的过程中，起着不可估量的作用。但现存的宗教、种族、政治观点和阶级的裂痕，在城市化的动态变化中，只会越撕越大。人们纷纷离开故土，去海外寻找新的机会，例如，1840年代，经历过马铃薯大饥荒的爱尔兰人和其他北欧人、见证了1848年欧洲革命失败的人们，很大一部分都踏上了迁移的旅程。自1850年起，平均每年有25万德意志人离开欧洲，前往他们所谓的"新世界"，构建"德国城镇"、商业网络及社区；并且早在德意志帝国成立之前，这些德意志人就已经踏出这一步了。在某种意义下，正是这些移民者，塑造了德意志帝国主义，正如英国移民者塑造了英国一样。此外，1876—1914年，还有多达1400万的意大利人，其中以农夫为主，离开了刚刚统一的意大利，前往西欧和美洲寻求更好的生活，其中22%的人，最终扎根于阿根廷或巴西。其他情况，例如政府政策的变化、涉及宗教和少数民族的行动，也会促使人们离开故土。举例言之，俄国的门诺派教徒长期以来在沙皇俄国都被免除兵役，但在19世纪70年代，他们却被强求加入军队。因此，迫于形势，一些人移居加拿大，另一些人则选择了美洲的其他地方。

值得重点关注的是，在19世纪工业资本主义发展期间，人们分别见证了经济繁荣和衰退期。在19世纪的经济萧条时期，鲜少有政府具有社会福利机制或金融工具，来"缓冲"广泛的失业、贫困带来的打击。19世纪后半叶的一系列政治骚动，推动了部分"缓冲"机制的形成。但在1815—1914年的大部分时间里，更常出现的场景是，工人不堪饥寒交迫，纷纷离开故乡，远至帝国殖民地，开辟新生活。例如，在19世纪七八十年代的长期萧条困境期，发生了几次大型的欧洲人口外迁。这短短20年间，因价格暴跌、种植农业向放牧业的转型，英国的粮食产量下降了26%。此外，英国的农业转型，也造就了农村大规模的失业——毕竟，饲养动物所需劳动力少于种植业。因此，这一时期，英国有超过25万人放弃了农业生产。大部分人投身工业生产，另有一些人离开了祖国，另寻出路。出于同样的理由，且国内工业就业机会又相当有限，地中海地区有数百万农民移居海外（其中一些仍在欧洲）。但是，位于美国加利福尼亚州、佛罗里达州，以及澳大利亚、南非和巴西的专业种植园，业已打通欧洲市场，欧洲外迁者的农产品就价格、质量和数量而言，均无法与前者的产品匹敌，这大大影响了他们的迁移。全球化的工业经济，使一些富强的国家，得以获取价格低廉的进口产品，来满足其国民基本的食品消费需求。这一现象，也引发了全球粮食生产、消费方式的根本性转变（详见第6章）。

正如历史学家爱德华·霍列特·卡尔（E.H.Carr）的观点，在历史研究中，数字至关重要。（19世纪前的）几个世纪以来，各个帝国均不间歇地开拓殖民地，但其成果，仍无法与19世纪媲美，19世纪人口迁移数量之大，造成的影响深刻且不可磨灭。举例来说，1790年，加拿大仅有大约25万名移民，其中以法国人为主，而到了1860年，已有超过300万名爱尔兰人、苏格兰人和英格兰人（大多以英语为母语）迁居于此。且不久之后，另有更多的欧洲人，为了摆脱贫困、逃避政治动荡，也加入了这些人的行列。诸如此类的增长，也发生在了澳大利亚。1790年，澳大利亚的白人移民者尚不足1000人，但到了1860年，非原住民的人数竟达到了125万。但"盎格鲁世界"（得名于贝利奇）最大的殖民扩张地还当属美国——13个殖民地，从最初的380万人口，到1860年，已增长至近1600万。又过了40年，美国人口已然高达7600万。许多新移民者来自爱尔兰、欧洲的德语区，后来，意大利、东欧和波罗的海地区也纷纷有人迁往美国。

但是，并不只有工业化大都市才具有人口持续迁入的特征。正如本章开头所述，中亚、亚太和印度洋地区发生的人口变化，同样令人叹为观止。而之所以会有大量移民流入这些非欧洲国家，很大程度上也源于19世纪全球工业化。促使大量移民涌入这些国家的推动因素，与大规模种植园经济增长息息相关，而后者又是工业大都市制造中心的供应源。这些坐落于世界各地的种植园，对于劳动力有着庞大的需求，吸引了来自全球各地的自由、非自由劳动力。19世纪后半叶兴起的基础设施建设也是如此，其项目规模之大，令人心向往之。1849年后，美国加利福尼亚州兴起一波淘金热，同时正值美国修建横贯大陆的铁路，提供了大量工作机会。因此，200多万中国和日本劳工受其吸引，迁往美国。另有数百万中国人，移居中国东北和俄国西伯利亚，投身于当地的铁路建设。即使是加勒比海、南太平洋、非洲和亚洲的种植园经济，也有数以千计的中国人和印度人从业于其中。1861年，俄国农奴解放后，也兴起了一波向美洲和亚洲东部的大规模移民潮。同时，上海、新加坡市、香港和孟买等港口城市，快速扩张，蒸蒸日上，世界各地的移民因其提供的工业机会，也接踵而至。

但并非所有的迁移行为，都是出于个人意愿进行的。1815年，维也纳会议达成国际协议，一致废除奴隶贸易，但这一协议实际上只在大西洋世界奏效。1815年后，奴隶贸易这一形式逐步销声匿迹。1865年，在一场内战后，美国的奴隶制才被废除。但是，这并不是奴隶制的终结——这种或那种形式的奴隶制，仍可见于世界各地，非洲人依旧被当作奴隶、被交易，被迫在印度洋地区和中东的种植园工作。直到1838年，奴隶制，而不仅仅是奴隶贸易，才在英国及其所控领土上被正式废除，法兰西帝国紧随其后，于1848年废除奴隶制。西班牙要到19世纪80年代才废除奴隶制，荷兰则比西班牙早10年。但是，尽管签订了正式协议，欧洲和美国的一些工业中心，却一如既往地依靠非洲奴隶牟利。比如，在桑给巴尔岛（Zanzibar）和奔巴岛（Pemba）的丁香种植园、非洲东部沿海的海枣种植园，以及锡兰岛（斯里兰卡）的珍珠捕捞中心，奴隶制方兴未艾。此外，受控于法国的马达加斯加，也仍存在大量奴隶劳工；中东的许多地方，奴隶制也尚未瓦解。当地的奴隶掠夺者仍然在非洲东部四处寻觅黑人，并将其作为奴隶出售；除了贩卖黑奴，他们还杀戮了数十万头大象，夺其象牙，以供全球之需（详见第6章）。

契约劳工是种植园劳动力的另一个主要来源，这些人为支付前往"新世界"的费用，同意（或被迫同意）打几年白工。契约劳工存在形式形形色色，其中大部分均具有高度剥削性，有些甚至与奴隶制别无二致。例如，1834—1907年，毛里求斯岛招进45万名印度契约劳工。所有劳工均受到当地极其严苛的法律、税法的约束，这实际上迫使他们一再重新签订契约，其地位一降再降，最终形同奴隶。与此同时，奴隶制度的终结，给加勒比地区的种植园主出了一道经济难题：维持种植园的运转，需要大量的廉价劳动力，在此情境下，他们该如何确保种植园经济得以长期生存下去？据历史学家德克·赫尔德（Dirk Hoerder）估计，1811—1916年，大约有175万自由、非自由的外国劳动力来到此地，在该地区的糖料种植园劳作，其中包括80万非洲人、55万印度人和27万中国人。

上述所有的全球性人口迁移，无一不展现了人类移居行为对当地环境的深远影响。无论人们走到哪里，其文化、世界观和社会期望都如影随形。在新的定居地，他们按照既往熟悉的模式和结构，建造住宅、社区设施、村庄、郊区，甚至整个城镇。他们重塑新环境，使其贴近"家"的感觉，并以"家"为范例为事物命名。以英语世界为例，其地名开始在全球范围内传播——伦敦、巴黎、柏林、巴登、惠灵顿、韦尔斯利、新汉堡、新敦提、汉密尔顿、纳尔逊、约克、滑铁卢、斯特拉特福德、泰晤士，以及其他数百个城市名称、战役原址和名人的名字，现于千里之外的大陆、岛屿、山峰和水道上。正如本书第4章所述，正是19世纪全球人口迁移的多样性，造就了众多特大城市的世界性。

19世纪，工业帝国和一众外国移民的到来，使原住民的土地被掠夺，后者付出了惨重的代价。对于澳大利亚、新西兰、加拿大、美国、非洲大部分地区、拉丁美洲部分地区、南亚和东南亚以及太平洋地区的原住民来说，大量水手、士兵、商人，甚至传教士，来到自己家乡的港口、河流和沿海地区，尚能曲意迁就。但是，当一船又一船的移民远道而来，企图在你的地盘重建"自己的家"，并相应地对环境进行重塑，则须另当别论了。不仅如此，当地经济因移民的到来，向种植园和采掘业转型，原住民的社会结构还须适应经济转型，以及外国殖民者强加的治理模式。鉴于上述转变速度之快，影响之大，也难怪许多人"自下而上"地发动抵抗活动，竭力抵制工业化、帝国权力的扩张。其抵抗形式十分多样（见第7章、第8章），并揭露了一个事实：在许多人眼里，19世纪的工业全球化进程以及工业帝国的扩张，往往是来者不善、居心叵测。

与日俱增的全球人口迁移，推动了19世纪工业帝国的扩张，以及詹姆斯·贝利奇口中"盎格鲁世界爆炸式的扩张"。我们若将19世纪工业帝国所持领土，进行类型区分，则对于该方面的研究大有裨益。历史学家普遍认为，有形帝国（formal empires）通常由三种类型的殖民地组成，可以根据在其中生活和工作的人的种类，对每种殖民地进行划分。例如，驻领殖民地（settler colony）的移民大部分来自欧洲大城市，且或多或少都希望在当地永久居留。相比之下，经济生产殖民地（economic production colony）则不太会吸引大量从大城市迁出的人口，尽管仍有数不胜数的非本地工人接踵而至。这些殖民地坐拥大型种植园、矿场、贸易港口，或捕鲸船队中心，通常由军队、海军部队，以及少数下派的文职官僚进行管治。与之相似，战略殖民地（strategic outpost），如港口和沿海属地等，因其战略性质——满足帝国海军、商船、商业网络和电报站的需要，通常也不会有大量的殖民者。但毋庸置疑，对于有形帝国的类型区分，从来都不是一成不变的。一个地方，起初可能被划为战略殖民地，但倘若大量的殖民者纷至沓来，它也能被轻易地归入驻领殖民地的范畴。而以上这些地方，只需满足以下条件，便可被划为有形帝国的殖民地（而非下面即将讨论的，无形帝国的范畴）：如果一殖民帝国对该领土提出了主权要求，即使当地的原住民矢口否认，这一主权只需得到其他国家的"合法性"认证，并可成立。这一合法性，主要由国际法决定。此外，列强之间签署的大量条约和合同，规定了众多区域的所有权和使用权（详见第4章），也可作为合法性认证之一。

我们以英国为例，来进一步探究有形帝国海外扩张的性质。显而易见，19世纪，英国作为一个工业大国，之所以取得了国富民强的成就，得益于其工业革命后发展起来的经济和政治力量，以及海上霸主的地位。与此同时，其有形帝国不断扩张，英国人民在该帝国范围内广泛迁移，也不断巩固了英国的地位。英国的驻领殖民地，包括加拿大、澳大利亚、新西兰、纽芬兰和南非等地区的"白人"自治领，更是为英欧国家的经济、社会和政治结构，得以在全球范围内复刻，提供了有利的途径。这些自治领的移民者大多来自英国本土，不过在19和20世纪，英国在一定程度上对外开放，世界各地的人也随即当机立断，纷纷来到英国殖民地寻求机遇。

而驻领殖民地，并非只象征着机遇，还会以别的形式存在。以现今的肯尼亚为例。19世纪的大部分时间里，东非地区都构成了全球经济的一部分。起初，葡萄牙商人来到这里，与肯尼亚当地的非洲土著社群做交易。随后，阿曼苏丹国强行对其沿海地区进行了殖民化。阿曼苏丹国与欧洲大国，特别是德国和英国，长期保持着友好的贸易关系，因此富得流油。也正因为这友好关系，1850年后，数不胜数的欧洲探险家、商人和传教士来到东非。但同时，在肯尼亚也上演着惨烈的奴隶掠夺，这些奴隶均被送往桑给巴尔和奔巴种植园（也属于阿曼人的统治范围）。1895年，当坦噶尼喀（Tanganyika）的主权由德国移交给英国后，肯尼亚正式成为英国的保护地。这正式将肯尼亚纳入英国的统治范围内，奴隶掠夺的行为也因而受到了管控，数量急剧下降。但此时，肯尼亚的移民人口并不是十分庞大，而英国也不得不在这样的情况下，尝试对该地区进行管辖。当地的非洲族群极力抵制其主权归属转移至英国，后者借助与阿曼当局的联系，对前者进行了行政控制。其中，基库尤人（Kikuyu）忧虑万分，认为此举预示着他们的未来前途堪忧，并且先前签订的一系列条约（例如，其酋长与英国东印度公司之间签署的条约）均被推翻，也让他们深感背叛。

从各方面考量，英国控制下的肯尼亚，既是前者的一个经济生产殖民地，又是前者的战略殖民地。乌干达铁路将蒙巴萨岛（Mombasa）和基苏木（Kisumu）连接起来，最后延伸至金加拉（Kingala），该铁路的修建，为东非地区带来了数以万计的印度契约劳工，同时也更为直接地将该地区与全球经济紧密联系起来。此外，少数极其富裕的欧洲人受利益所驱，也来到肯尼亚定居，后者因而发展出了小型的白人驻领殖民地。1901年，定居于肯尼亚保护地的欧洲人仅500多人，与之相比，印度人已达到27 000人，非洲原住民则约有150万人。这些欧洲人大部分来自英国，他们来到肯尼亚这个穷乡僻壤，主要是希望重建"旧世界的乡绅制度"，继而重获土地特权、仆人，并宣扬一种基于贵族价值观的精英文化。彼时，这种追求享乐的中产阶级式的生活方式在英国国内备受挑战，而肯尼亚当地的种族等级制度、乡绅文化，以及大量退休和现役军官、公务员的存在，都有助于延续这一生活方式。此外，肯尼亚推出大型猎物狩猎活动，猎物甚至囊括狮子和大象，这类活动轻而易举吸引了众多权贵，包括英国皇室和美国总统西奥多·罗斯福（Theodore Roosevelt）（见图5-1）。

图5-1　西奥多·罗斯福总统及史密森尼学会非洲探险队，1909年

1909年，在其总统任期结束后，西奥多·罗斯福带着他的儿子凯米特（Kermit），前往非洲东部进行了一次狩猎探险，受到了大肆宣传。表面上看，这是一次科考之旅，旨在获取一份有关非洲动物种群的"完整记录"，带回华盛顿，送往史密森尼博物馆

（Smithsonian Museum）。为此，该探险队约莫杀死了11 000只动物。据罗斯福自撰的探险纪录，此次探险经由私人捐助者资助，这些捐助者"欣赏这类动物收藏，认为它们对国家博物馆具有不菲的价值"。同时，此次旅行也使得肯尼亚成为热门的狩猎和旅游目的地，吸引了大量富裕的美国人、欧洲人。图中，总统（中间）与他的儿子（左二），正站在基贾比（Kijabi）的水牛狩猎营地前。他们面前摆着三个水牛的头骨，后方美国国旗正骄傲地飘扬。据罗斯福称，无论狩猎队所到何处，都会将国旗挂于最显眼之处。

资料来源：Theodore Roosevelt, African Game Trails. Charles Scribner, 1909, p. 108.

因此，正如历史学家戴恩·肯尼迪（Dane Kennedy）所述，相比于加拿大、新西兰或澳大利亚的任何驻领殖民地，这个"白人之岛"更像是一个欧洲殖民者的社区。它也被视作19世纪工业全球化时代的一个独特产物。

肯尼亚的历史，揭示了一个事实：英国帝国主义的大获全胜，与其海外经济资产的不断扩充息息相关。而其中，印度则是重中之重，是大英帝国皇冠上最夺目的那颗宝石。1857年，继触目惊心的印度兵变（Indian Mutiny）之后，英国政府从东印度公司手中，正式接管了对印度地区的统治权，其范围不仅包括今天的印度，还涵盖了我们今日所知的巴基斯坦、孟加拉国和缅甸等国家。英国在对印度进行殖民统治的过程中，很大程度上仅将后者视作一个经济生产殖民地。即便到了1958年，英国在当地的驻扎人口仍只是小基数，仅有寥寥几千名政府官员，以及7万人的英国军队，二者共同管理着2.5亿的本土居民。大英帝国控制其印度殖民地的关键，就在于调整当地的社会结构和等级制度，以适应英国的经济和战略。因此，英国对数以千计的当地文员、行政人员和具备战士种姓的士兵，进行培养教育，并赋予他们权力。这些人成为英国的流动干部，辗转于各殖民地之间，协助英国在南亚地区内外进行运作。此外，另有数以万计的印度人，被派往非洲建设铁路和交通枢纽，致力于将英国在南非好望角的殖民地，与埃及的开罗相连。例如，1896—1901年，便有3万多名印度契约劳工，离开印度西北部的帕坦地区，来到非洲参与修建乌干达铁路。这些劳工与2600名非洲原住民一起劳作，并在英国当局的坚决主张下，签订了为期三年的劳动合同。期满后，大约半数的印度人仍留在非洲，但在其逗留期间，许多人染上了疟疾、痢疾、坏血病、溃疡和肝病。印度政府检查员也留意到，那些因病提前回国的劳工，大多也都蓬头垢面、肮脏不堪。

与此同时，也有一部分印度人成为专业人士，比如圣雄甘地（Mahatma Gandhi），他受过高等教育，并充分利用其接受英国教育的机会，积极推动国内外的社会和政治变革。这些非欧洲血统，但接受了西方教育的印度人，组建成一个专业人士网络，任职于南亚和东南亚的商界、政府中，为孟买、马德拉斯、加尔各答、仰光和新加坡等城市，注入了发展的活力。其他人则加入了更为广泛的全球经济网中，推动印度与世界相连。此外，印度军队也发挥着举足轻重的作用，该军队包括由英国白人组成的军团，以及由印度人和尼泊尔廓尔喀人共同组成的本土部队，成为一支遍布全球的快速反应部队，以满足英国的不时之需。武力是维护帝国统治的一个关键因素，但向国外派遣军队需要高昂的成本，因此，在当地组建军队是必不可少的举措。再者，尽管印度自下而上的反抗不断，英国仍极力剥削印度广大民众的劳动力、开发其才能，并将印度大部分地区转变为初级产品生产区，使其成为英国和全球经济的重要供给源。不过，印度也并非没有工业发展，例如，孟买等城市，便坐拥繁荣兴旺的纺织业，以及化学染料生产厂和造纸厂。截至1900年，孟买已拥有136家纺织工厂。但是，该时期印度的经济产出，主要用于增加英国的财富、提高其工业生产力。

上述英国对印度进行殖民统治的例子表明，19世纪的帝国主义，大多是一盘散沙、杂乱无章。1858年后，名义上，印度归于大英帝国的统治之下，但其2.5亿人民，并非任人宰割的顺民，并没有温顺地接受英帝国统治。许多人为了满足自身的愿望和欲望，尽可能地做出调整，以适应英国帝国主义统治下的环境。他们组建的机构及开展的活动，与"自上而下"的、由帝国组织的机构和活动一样，在全球人员与信息网络交互的过程中，做出了重大贡献。同时，他们的活动也突出了一点，无形帝国主义（informal imperialism）对于推动工业全球化进程所起到的作用，同样不可小觑。众所周知，工业化的大部分动力来自私人企业：这些个人和企业，最大限度地利用先进的技术、开放的海洋、资本投资、基础设施建设、贸易和交流，把握发展的机会，并将机会最大化。而有形帝国（即由政府和国家塑造的帝国），往往出现于这些私人企业之后，有人是为了逃离他们的"旧"世界而迁移，也有人是怀揣着对"新世界"的憧憬，渴求新的发展机遇。

无形帝国主义的性质和形式，在历史领域，是一个模棱两可、颇有争议的辩题。然而，就其本质而言，无形帝国主义指的是，并非由国家控制或授权的，建立于欧洲以外的经济、政治和文化权力的网络。有形帝国往往紧随无形帝国之后出现。例如，19世纪，许多从工业中心地带迁出的移民，不仅构建了无形的全球连接网络，还推动政府对其新兴驻领地"行使主权"（有时是必要的）。举个例子，19世纪，数以千计的殖民者、铁路公司、矿工、木材公司和其他机会主义者，深入并横跨北美大陆，美国和加拿大在北美的殖民扩张，有时也会依照这些人的要求和利益推行。他们四处迁移，赶走、掠夺当地的原住民，后者的土地和生存方式，均遭到了难以弥补的破坏。但是，这些人仗着自己殖民霸主的身份，强制实行"统治权"，为所欲为。

倘若我们从遭受殖民的原住民的角度来看，"有形"与"无形"帝国之间的区别，无关痛痒。无论如何，外来者业已降临，并且不管他们如何抵抗，这些人都不会离开。而殖民者的扩张，往往伴随着暴力（有时甚至是种族灭绝式的），这一点，我们将在第6章和第7章进一步讨论。无论是在有形还是无形帝国中，对原住民社区、土地的破坏以及对其人口的蹂躏，均无时不在上演。并且，就算帝国宣布了对某一领土的主权，通常也只会使得这种暴力的做法延续下去，甚至可能愈演愈烈。土著部落试图通过签署条约，明确其边界和权利，以及他们用主权和土地交易来的特权，以此来保护自身权益，但事实上，这些条约往往对新移民和殖民帝国更有利。

正如历史学家史蒂文·普雷斯所述，19世纪，无形帝国有着一个常见的变体——流氓帝国（rogue empire），极尽剥削之举。在东南亚、太平洋和非洲部分地区，流氓帝国对于殖民帝国的扩张至关重要。一些极具魄力，但并不总是坦诚相待的人，构成了这些流氓组织的核心，他们与当地的精英进行谈判、签订条约，以获取经济和领土权利。大部分情况下，这些条约涉及的主权权利，只局限于政府和国家的主权之内。而他们如此行事，往往是出于对个人利益的追求。根据国际法，这些条约大多不具备约束力，但它们给有形帝国留下了可乘之机，使其后来居上，在原住民社群中横行无忌，造成了深重的苦难。

一个关于詹姆斯·布鲁克（James Brooke）的案例研究，提供了一个出色的例子。布鲁克自称"沙捞越君主"（Sovereign Prince of Sarawak）的生涯，也为约瑟夫·康拉德提供了灵感，后者于1899年，出版了具有高度批判性的反帝国主义小说《吉姆勋爵》（*Lord Jim*）。布鲁克是东印度公司孟加拉军队的一名老兵，对马来地区颇为熟稔。1840年，文莱的苏丹要求布鲁克前往沙捞越进行支援，但当地的居民总是无事生非，给他制造麻烦。布鲁克坐拥一艘配备重炮的船，并拥有苏丹赋予他在该地区收税的权力，基于此，他宣布成立一个大英帝国的附庸国，宣布自己在沙捞越地区具有绝对统治权。英国政府意识到，只要站在布鲁克一边，便可以扩大对沙捞越的无形控制权，并且几乎可以说是坐享其成。此外，荷兰和美国在该地区的既得利益与日俱增，倘若英国支持布鲁克，还能驳斥荷兰和美国的主权声明。出于以上考量，英国默许了布鲁克的行径。面对英国的外交和海军力量，苏丹别无选择，只得接受布鲁克对沙捞越的主权声明。富裕的英国投资者的到来，很快就抹平了沙捞越的债务，他们的投资使当地的种植园经济翻了10倍，同时，他们还将中国劳工带到了沙捞越海岸。尽管在19世纪50年代和60年代，布鲁克对沙捞越的统治受到了英国政府的调查，但他仍是英国承认的沙捞越统治者，甚至在1864年被授予了骑士头衔。在第二次世界大战爆发前，他的家族一直统治着这个小小的保护国。

布鲁克的故事，绝非个例，如他这般无赖的行径，旨在为个人或企业攫取财富和地位。19世纪，此类流氓企业比比皆是，该时代深受其害。当时，银行、法律、公司、投资、保险业务和职业日臻完善，在此基础上，大大小小的企业都渴望最大限度地参与全球经济。其中许多企业是家族企业，它们继承了数代人的经验和资本，并借助久经考验的婚姻联盟，得以不断扩大其业务范围。此外，这些私营企业往往与传教士组织合作密切，甚至并肩作战。他们协同合作，大肆推广有形帝国的结构，深达全球经济腹地，勠力使他们的活动合法化、规范化，以此来降低投资风险，保卫自身的安全。

这样一来，工业经济全球化进程不断推进，而这些私营企业在扩大前者的覆盖范围和影响方面，都发挥了不容忽视的作用。我们甚至可以像历史学家罗伯特·菲茨杰拉德

（Robert Fitzgerald）一般，将这些企业称为19世纪的"商业帝国"。这些企业甚至存在于那些毫无"有形帝国影子"（海外殖民地）的国家之中，这些国家既没有能力也没有欲望成为有形帝国的一分子。例如，历史学家伯纳德·C.夏尔（Bernard C. Schär）描绘了荷兰殖民主义在印度尼西亚群岛的扩张过程中，瑞士家族企业是如何起到了中流砥柱的作用的。瑞士可能并没有形成一个有形帝国，但来自印度尼西亚的热带产品，包括棉花、糖、烟草、咖啡和丝绸，增强了一些瑞士企业乃至整个国家的全球力量，并积累了大量财富。1864年，一项禁止瑞士公民在海外购买奴隶的新法律甚至被瑞士联邦政府拒绝批准，以此来保护瑞士企业在巴西的利益。全球化工业经济中，瑞士在扩张和获利方面的表现，不亚于任何有形帝国。

德国北部的汉萨诸城也是如此。早在1871年德意志帝国统一之前，汉堡、不来梅和吕贝克等汉萨城市的德国人，纷纷利用其重商主义的网络，发展海外企业，与英国、荷兰、法国、美国和中国的企业，合作互利、同舟共济。经历了数场统一战争后，由普鲁士领导的德意志帝国最终成立。而在最后的几次战争中，上述中立的德国贸易中心（即汉萨城市），已然在世界各地设立其贸易领事馆，将数十个德意志邦国的市场与全球市场连接起来。比如，截至1860年，汉堡已设立279个领事馆，其中69个位于其他欧洲国家的殖民地中，66个在其他国家。这些汉萨城市规模不大，无法在远洋航运中与较大的帝国舰队抗衡，但鉴于其中立性和自由贸易的相对开放性，它们得以在沿海航运和区域贸易中占据有利位置。例如，1855年，已有39艘来自汉堡的船只，访问了中国广州港；19世纪60年代，汉堡与中国的贸易额，仅次于英国和美国。其中一些汉萨城市的企业，甚至愿意前往风险较高的地区，如赤道非洲，而在19世纪80年代之前，这些地区中，欧洲各个有形帝国的行迹也寥寥无几。

无形帝国建设的核心，在于最大限度地开发自然和人力资源。19世纪，在工业全球化的发展过程中，无形帝国与有形帝国不分伯仲，共同推动了殖民帝国的领土、人口扩张。工业帝国主义，不仅关乎于经济，同时也与人口息息相关。毕竟，在人迹无法到达之处，想要形成帝国网络，无论是有形抑或无形，都只是天方夜谭。举例而言，抗疟疾药物的发明，对于外来人深入非洲中部探险，并得以幸存下来，无疑是至关重要的。事实上，一直到19世纪中叶，大多数探险的欧洲人，不是死于疟疾，就是死于任意一种其他的热带疾病。1840年，英国军方的一项研究表明，在探险过程中，高达97%的士兵非死即残。直到19世纪50年代，奎宁类的药物逐渐变得唾手可得后，这一情况终于有所改善。1865年，荷兰人走私来自玻利维亚的金鸡纳种子，这是一种获得奎宁的极佳来源，他们将种子运往荷属东印度群岛的爪哇岛，并在当地的种植园里种植奎宁作物。此后，非洲大陆"门户大开"，源源不断的欧洲人前往探索和开发。除此之外，1860年后，欧洲对水源过滤的效用和污水管理（在雨季特别棘手）也有了进一步的了解，从而使与日俱增的传教士、商人、科学家、士兵、殖民者和其他工业帝国主义的代理人，得以更广泛地渗透入非洲内陆。

不久后，这些外来人便在非洲大陆争权夺势，大打出手。传统上，历史学家倾向于将欧洲对非洲的争夺，视作有形帝国主义的行径。他们认为，19世纪七八十年代，工业大国与其对手并驱争先，争先恐后地在非洲大陆扩展主权，因而兴起了一个"新帝国主义"时代。但最近有研究表明，有形帝国主义对非洲及其人民的控制，很大程度上有赖于无形及"流氓"帝国主义。19世纪七八十年代，当地领主和欧洲私人经营者签订了数百份条约，前者将当地的部分主权（ill-defined sovereignty），以及对领土和资源的控制权，出让给后者，但这些条约的法律效力仍有待商榷。此前提到的布鲁克，他在沙捞越签订的协议，是用两种语言（马来语和英语）制定的，但这些条约与前者截然不同，只用英语或另一种欧洲语言撰写，并由不识字的酋长以"X"签署。大多数情况下，这些条约甚至并没有当地主权政府的授权。不出所料，它们使当地民不聊生，百姓苦不堪言——这些私人企业运用条约中隐含的权力（他们通过暴力手段获得的），极力剥削当地原住民，开发土地资源。不同的企业之间争权夺利，针锋相对，公开的冲突反反复复，一再发生，从而使这些在非洲争抢利益的工业帝国的外交力量，也趋于平衡。综上所述，非洲及非洲人，以极具剥削性的方式，被卷入全球工业和帝国秩序当中。

就上述具有破坏性的争权夺势而言，其最著名例子之一，便是比利时国王利奥波德二世（Leopold Ⅱ）在刚果的掠夺行为。在1865年利奥波德二世继承其父王位之前，布鲁克在沙捞越的告捷，已然引得前者兴致高涨。利奥波德二世一度希望比利时能加入其邻国荷兰的行列，在东印度群岛分一杯羹——比利时向英国提议，希望购买布鲁克在婆罗洲北部的领土，但英国断然拒绝了该提议。比利时转而询问西班牙，是否愿意出售菲律宾，也惨遭拒绝。由于比利时地理协会表现出对赤道非洲颇有兴趣，利奥波德二世遂将其注意力转移至刚果河。1876年，利奥波德二世推行了一个计划，与业已在刚果站稳脚跟的各式私营企业、基督传教士和科学团体合作，结合各方利益，以此实现他扩展比利时海外殖民地的野心。各方利益经由一家私营企业——国际非洲协会协调统一，且利奥波德二世在1879年，"买"下了该企业的全部股份。该企业随后修建道路、建立种植园，同时，它还签署了一系列有待考证的"条约"，获得了非洲部分土地的完全控制权，并向过路人征收税收和费用。国际非洲协会作为比利时在刚果的代理机构，在当地推行暴虐无道的专制统治，为所欲为，极尽剥削，其中包括强迫原住民劳动、草菅人命、残害百姓、酷刑和烧毁村庄。而利奥波德二世则是上述行为的既得利益者。

以上暴行最终引发了国际上广泛关注（详见第7章），对世界上其他国家来说，其最关心的问题，并非国际非洲协会的残暴无道，而是其活动的合法性。利奥波德二世和国际非洲协会是否对刚果拥有主权和经济权利？毕竟，认为自己拥有这些权利的并不只有比利时，还包括刚果国王马尼·刚果（Mani Kongo）、一些较小但实力强劲的地方酋长、一些从非洲东海岸以及其他欧洲殖民地来的阿曼商人。德国首相奥托·冯·俾斯麦（Otto von Bismarck）表示，他最大的担心在于，这些私营企业和互相敌对的帝国，在刚果乃至整个非洲大陆争夺主权，可能会导致工业大国之间爆发战争。因而，他贯彻（欧洲）"同盟体系"的作风，呼吁召开国际会议，该会议于1885年在柏林举行。本次会议对外宣传，其目的在于结束非洲奴隶制，而约瑟夫·康拉德等批评家却认为，此次会议的目的是"消除野蛮习俗"。此次柏林会议开创了先例，推动工业帝国（而不是私营企业或当地人民）将主权权利扩展到非洲大部分地区。刚果成立刚果自由邦，利奥波德二世和国际非洲协会享有其主权，在不限制货物往来和贸易的情况下，得以在其领土上便宜行事。此举实际上将刚果中立化了：刚果门户开放，成为贸易路线上重要的一环。但是，刚果人民横遭不幸，只得任由国际非洲协会的专制统治摆布。

1885年的柏林会议，为我们研究19世纪工业帝国主义的发展，也提供了一些重要的信息。首先，德国（及其他帝国）有意对其公民的私营企业，进行更密切、更直接的控制，这一举措，均在此次会议中记录在案。就德国而言，其首相奥托·冯·俾斯麦借此次会议之机，经由一系列私营企业，扩展了德国的控制权，这些企业业已在太平洋（萨摩亚和新几内亚）和非洲各地（包括今天的纳米比亚、喀麦隆、布隆迪、卢旺达和坦桑尼亚）发展出一定的势力。随后，1885年，德国被认证为"有形帝国"，其领土甚至涵盖了非洲的一些地方。其他帝国也纷纷效仿。但这对非洲人来说，无疑是灭顶之灾。比如，在国际非洲协会的统治之下，刚果折损了多达一半的人口。1880年，非洲大陆还几乎完全在非洲人手中，而到1900年，便只剩10%的土地仍受非洲人控制。由于帝国主义列强试图将其秩序观强加于人，非洲大陆几乎每一个地区，都无一例外地爆发了抵抗战争。在这些非洲殖民地中，移民的人数并不多，也并不常见。在大多数情况下，帝国列强只是为了寻求并榨取当地的经济和战略优势，他们为此改变了当地的经济结构，并大肆剥夺当地人所剩无几的对自己领土的控制权。

有这么一种观点认为，在如此短的时间内征服非洲，该行径与先前帝国建设的浪潮截然不同，这是一种"新帝国主义"。当然，非洲也对现有的帝国主义国家，发起了一系列新挑战。列强的非洲之争，使非洲社群发生了翻天覆地的变化。但驱动这种帝国主义的因素本身早已屡见不鲜——19世纪下半叶，外来者征服非洲，而其野心无异于前人，都是为了在全球范围内扩大影响力。非洲局势最异乎寻常之处，不在于殖民驱动因素，而在于非洲惊人的变化速度，以及工业大国在其中的通力合作。这些工业大国的枪口并不是对准彼此，而是对准了他们新的"臣民"。在全球化过程中，帝国动用了大量的暴力，来推进英欧国家在海外拓展其权力，这一点，也将在第7章中进一步论述。

第 6 章　全球商品及工业资本主义的环境成本

正如之前所述，19世纪的工业全球化，使得世界各地的人类社群改天换地。除此之外，它也对世界生态系统、动植物的分布和寿命，以及人类和自然环境之间的关系，产生了变革性的影响。工业化后，人类改变环境的力量得到了助力，这种改变通常分外剧烈，尤其是在开采资源方面。一方面，19世纪科学知识的扩展，使人们对自然界运作方式的理解达到了一定的高度；而另一方面，科学和技术的进步却破坏了地球的生态多样性，并威胁其长期稳定性。因为在1815年之后，全球互联，工业和资本主义的发展使人们的需求日益增长，越来越多的地球自然资源被商品化，以供其需。

仅在1815—1914年，全球人口便增长了70%，对地球的资源造成了前所未有的压力：毕竟，所有这18亿人口，都需要食物、燃料和住房。除了基本需求，人类对工业产品的需求也与日俱增，而生产这类产品也需大量的自然资源——作为生产燃料和原材料，如此一来，地球生态的压力再度加剧。此外，19世纪，数百万人在全球各地迁移，又进一步加深了环境的压力：他们修建铁路，破坏了森林与农田；他们的煤动力发动机和船舶，污染了空气和水路，更遑论煤动力工厂造就的污染；他们建造殖民地和城市，重塑、破坏了当地的环境。人类贪得无厌，大肆对化石燃料和其他原材料进行开采，此类开采活动不仅掠夺了地球的资源，还刺激了制造业的发展，生成烟雾、排放有害气体，对环境造成不可修复的破坏，并导致了全球变暖等极端气候变化。2002年，《香港生物多样性调查》（*Biodiversity Survey of Hong Kong*）在其报告中指出，"如果没有人类的干预，香港的森林里可能仍生活着大象、老虎、犀牛、长臂猿、雉鸡和啄木鸟"。该说法不无道理。

自古以来，人类一直致力于重塑自然环境，以确保自身在其中的主导地位。19世纪，在当时许多人（但并非全部）看来，工业全球化是"文明"的一大"进步"，而且工业全球化也在此进程中，增添了一个分外悲惨的篇章。该时代的人们，对他们所造就的环境问题心照不宣；同时，在工业化进程中，许多科学家也逐渐开始关注此类问题。即便如此，生态破坏仍很少受到制止。大多数情况下，地球生态遭到破坏，以及某些物种消亡或灭绝，均是无意之举，却为生态带来了灭顶之灾。这些结果，都是在19世纪工业革命进程中，世界为推进工业化所付出的代价。除了上述意外或计划外所付出的环境成本，帝国在殖民过程中，还屠戮当地的动物、切断原住民的食物来源，以此作为战争的手段。而显而易见，上述举措证实，暴力，甚至是种族灭绝式的暴力，是国家推行统治的有效工具，为殖民者提供了一个满意的方式，来行使其主权、统辖领土，以及控制原住民赖以生存的自然资源。

尽管本章主要关注人类对环境的影响，但我们也不妨停下来，看看自然惊人的力量，是如何在全球范围内使人类相形见绌的。1815年4月，位于印度尼西亚松巴瓦岛的坦博拉火山（Tambora Volcano）喷发。此次喷发，是历史上已知最大规模的火山爆发。它不仅造成附近区域70 000人死亡，在环太平洋盆地周围引发地震和海啸，对该地区的景观产生了不可逆转的改变，其影响还惊人地渗透至全球范围。坦博拉火山喷出大量二氧化硫气溶胶，进入平流层，阻挡太阳光长达数年之久。这一现象，从根本上改变了全球气候模式。例如，1815年6月至8月的意大利通常烈日炎炎，1816年却大雪纷飞，而这些雪，均被染上了黄色和红色的灰尘。

科学家们指出，坦博拉火山爆发，产生了一系列严重后果——导致了全球农作物歉收、干旱和饥荒；引发了欧洲、中国和东南亚大范围的洪水；在全球范围内传播了霍乱和斑疹伤寒；致使美国缅因州沿海水域损失了大量鱼类资源。彼时，这个"没有夏天的一年"（美国指的是1816年），被归咎于太阳斑和愤怒的神。为此，英国作家拜伦（Byron）写下了《黑暗》这首诗：

爱于焉不存；

漫地遍野仅剩一念——唯有一死，

迅速且缺少尊严；

那饥馑侵彻肠胃。

1883年，印度尼西亚群岛发生了另一起大火山喷发——喀拉喀托火山（Krakatau Volcano）爆发[①]。在此之后，科学家们才开始将1815年、1816年和1817年的极端气候变化，与坦博拉火山爆发联系起来。

而当时，1815—1817年的天气灾难，也已经引发了欧洲、美国的科学家的思考，他们针对气候变化和人类之间的联系，提出了许多问题。早在1805年，普鲁士科学家亚历山大·冯·洪堡（Alexander von Humboldt）业已开始思考人类对气候模式产生的影响力。19世纪20年代，气候学家已然着手开始调查，二氧化碳排放对全球天气的影响。地理学家、制图师、植物学家、博物学家和其他领域的科学家，也越发关注自然现象、天气与人类活动之间的关联。事后看

[①] 这一事件在全球范围内都有着毁灭性的影响，新西兰由此发生了一系列强震，第4章中所提及的粉红色与白色梯形丘也是在此次地震中被毁。

来，他们的研究，显然没有降低工业化对环境的影响。不过，这些研究作为第一次工业全球化的时代产物，在该时代，不啻为人们了解地球生态系统的一个窗口。

喀拉喀托和坦博拉火山爆发，并非19世纪唯——种对世界各地造成严重影响的气候活动。19世纪70年代末，天气模式和人类力量之间，出现了一个悲剧性的交集——一个强大的厄尔尼诺天气系统惊现，导致亚洲、非洲和南美洲大部分地区，连续三年的降雨量降至临界水平。降雨不足引发了严重的干旱，3000万至5000万人在这场天灾中丧生。虽然厄尔尼诺现象并不是人类活动引发的，但工业全球化，却直接、间接地加剧了其后果——饥荒。特别是在中国、朝鲜、印度、荷属东印度群岛（印度尼西亚）、非洲和巴西的大型种植园经济中，此次干旱的影响尤为显著。雨水的缺乏，正是导致此次灾害的决定性因素。不过，这些地区中，许多园区已经转向种植业经济，主要种植棉花、糖料、咖啡、油籽、橡胶树和烟草等经济作物，而非大米、小麦和蔬菜等农作物，但这一举措，无疑助长了这场危机。由于干旱，农产品产量不足，不足以养活当地的居民。此外，其他经济作物，在此天灾下也无法生长，继而导致了工作岗位稀缺，人们只能拿到微薄的工资，就算仍有少之又少的食物供应，百姓们也负担不起。即使当地有种植粮食作物，但其产品也往往出口至其他地方，或是以出口价出售，几乎没有留下一星半点，以供当地消费，或建立当地的应急供应。除此之外，当地种植园往往采用密集的耕种方式，并使用外来的种子和植株，基于此，降雨量的缺乏只会加剧土壤的退化和侵蚀，同时阻碍后续的耕种。尽管工业全球化激发了这些工业化种植园的种植经济，但在其发展过程中，许多生态保障措施，以及原有农民、原住民构建的食品管理体系，都遭到了破坏。基于上述理由，这些原住民强烈抵制后续的工业化发展，并将上述后果归咎于帝国和地方当局的管理不善（详见第7章）。

工业帝国的扩张，加剧了生态破坏。这在印度尤其如此：19世纪70年代，当地种植的大量粮食，被（主要是）英国殖民者运往高价市场。此举使得英国的利润得到了最大化，印度的农民们却只得忍饥挨饿。当地饥荒事态分外严峻，有报道记载，一些家庭不得已将他们的孩子卖作契约工，甚至还出现了吃人的现象。1876年，类似的灾难也侵袭了中国华北，当地人称之为"难以置信的饥荒"，山西省将近三分之一至一半的人口，以及中国北方1.08亿总人口中的10%，不幸在此次饥荒中罹难。而清朝此前为了弥补其日益增长的外贸赤字，已将库存的用于应对紧急状况的粮食在全球市场上售出，余粮不足，更是加剧了此次危机。除了印度和中国，1877—1878年，巴西也遭遇了百年一遇的"大旱"，造成了数十万人死亡。与此同时，巴西大量人口为逃离气候灾害，从该国北部迁往亚马孙河周围，投身于当地蓬勃发展的橡胶种植园。巴西的橡胶大亨为了一己私利，不仅大肆破坏亚马孙森林，还极力剥削这些来自北方的气候难民。

虽然悲剧的性质和规模，在事后往往更加明晰，但19世纪80年代和20世纪初，在同一地区和其他地区均发生过类似的毁灭性饥荒，这一事实表明，政府未能在悲剧发生当时采取有效的预防措施，保护其农业人口免受全球不利气象条件、经济殖民力量的双重影响。某些情况下，他们甚至不惜人为引发饥荒，来达到自己的目的。例如，在菲律宾独立的美菲战争中（继1898年美西战争之后），美军利用了当地正处于饥荒的形势，火上浇油，摧毁菲律宾剩余的大米库存，希望得以镇压当地的反抗，并获得这些岛屿（菲律宾）的主权。粮仓安全，也是战争中的一把利器（详见第7章）。

在欧洲和美国的工业大都市，这些饥荒事件并没有被忽视，而是被有心人加以利用。报纸上对各大饥荒大肆报道，呼吁提供慈善和人道主义援助。但这些报刊的受众以白人为主，这些满是憔悴的印度人、中国人的照片，对于并非同一种族的白人来说，无非是引发异国化的情绪，并引起一时轰动。这些英欧人在倡导援助的同时，却几乎都没有认识到一个事实——正是他们自己，加剧了这些苦难。此外，他们的大部分慈善活动，都宣扬了这样一种观点：这些"未开化"的世界无力养活自己，而白人基督教世界正在为此担负责任。对菲律宾1899年的局势，美国《基督教先驱报》（Christian Herald）的编辑阐释道，美国的任务不仅是"救赎""开化"和"基督化"菲律宾人，还包括"为饥饿者供其食，为裸体者蔽其衣，将垂死者从死亡中拯救出来"。同时，英文版的《华北日报》（North China Herald）声称，正是山西当地人口"缺乏产业素养和道德品质"，才导致了1876年那场"难以置信的饥荒"。

19世纪，工业化带来了一系列环境问题，除了帝国殖民地外，工业中心地带和大都市也深受其害，繁荣的工业城市尤甚。工厂污染了空气和水道，工人宿舍密布，且当地官员对卫生和公共健康问题充耳不闻，城市环境一片乌烟瘴气，污浊不堪。因此，欧洲的产业工人纷纷离开这些"有毒"的城市，前往"新世界"寻求"更好的生活"。欧洲的工业港口人满为患，挤满了希望离开的移民（见第5章）。出乎意料的是，尽管向外迁移的移民规模十分庞大，在大多数工业城市却有更大规模的人口迁入。正如全球史学家威廉·H.麦克尼尔所言，这些"移来者"大多来自农村，来城市寻求就业。基于此背景，19世纪，大多数城市的死亡率高得令人大惊失色，其中的问题展露无遗——居住环境毫无卫生可言，在此条件下，霍乱、斑疹伤寒、天花和肺结核迅速蔓延，持续威胁着人们的生命安全。比如，在19世纪的伦敦，每年的死亡人口甚至多于出生人口，传染病无疑推波助澜了这一严峻的现实。

1832年，一场毁灭性的霍乱暴发（一些学者将这一全球现象，追溯到1815年的坦博拉火山爆发），促使英国当局成立了卫生局（Board of Health），对卫生系统、水供应和细菌污染的研究，也随之展开。从这个意义上说，技术进步、科学创新、工程发展和医学突破，能够为工业化的破坏性后果提出解决方案，即使这些问题过于复杂，看似无解。比如，大多数城市人口稠密，空间便成了稀贵之物。因此，即使是如何处理与日俱增的死亡人数的问题，也形同噩梦——正如1820—1850年的伦敦，至少有150万具尸体，被埋葬在区区250英亩①区域内。随后，1858年，伦敦爆发"大恶臭"（Great Stink），夏季本就酷暑难耐，泰晤士河又散发股股腐臭，堪称一个开放的下水道，激起了众怒。自此之后，伦敦才开始致力于发展现代下水道系统，改善公共卫生。法国也出现了类似的问题，拿破仑三世责成奥斯曼男爵（Baron Haussmann）对巴黎进行现代化改造，并配备新的供水和卫

---

① 1英亩≈4046平方米。——编者注

生系统。

19世纪后半叶，许多工业城市的市政当局，将改善当地卫生和供水管理系统提上日程。这种改良往往是由疾病的暴发引起的，出于该原因，政府也更容易接受于其中投入大量的公共资金。在亚洲、非洲和拉丁美洲，尽管市政当局较少投入大量资金改善卫生条件，但也采取了一系列低成本的措施，如煮沸饮用水、对严重的细菌污染进行测验等，从而一定程度上降低了传染病的风险。1900年，这些经过适当改造的工业大城市，终于在不把迁入城市的农村人口计算在内的情况下，实现了史上第一次人口零增长或者正增长，

人类对矿产资源的不间断寻觅，也加速了工业全球化对于环境的破坏。采矿是一种高污染的业务。即使早在1815年，这也绝不是一个新鲜出炉的行业。人类对于金、银、钻石、铁、锡、铜、煤和其他元素的搜寻，由来已久。1815年之后，为了给工厂、蒸汽机和（后来的）电力中心提供动力，人们仍未停止寻找化石燃料的步伐，并且，该开采过程仍以惊人的速度扩展。因此，人类和机器被卷入一系列自然灾变中（不仅仅是全球变暖）。英国，作为工业化大国，其工业化程度遥遥领先，但这也意味着，在19世纪的大部分时间里，它都是煤炭污染的主要来源。1850年，英国二氧化碳排放量占全球总排放量的60%以上，其人均煤炭消费量更是

高达法国和德国的10倍。截至1900年，全球二氧化碳排放量增长了10倍：美国占33%，英国占21%，德国占17%。

但是，19世纪的矿物开采，除了造成一系列环境问题，也有其有利的一面。比如，1849年，加利福尼亚兴起淘金热，30万人从世界各地接踵而至，寻求快速致富之路，或投入新兴的采矿业。此番淘金热，不仅扩张了洛杉矶和旧金山的城镇，还推动旧金山成为重要的贸易港口。除此之外，跨太平洋的船舶流动性也在稳步提高，各太平洋港口，包括香港、上海和新加坡市的港口，其可达范围不断扩大，重要性也与日俱增。经由加州淘金热，太平洋摇身一变，成为商业和移民的主要通道。随后，人们在澳大利亚、新西兰和非洲南部也相继发现黄金，引发一波又一波的新热潮。

1849年，加利福尼亚因这场淘金热，付出了高昂的环境、生态代价。新来的勘探者，几乎毫不顾及当地人的权利，更遑论动植物的栖息地。当地的丘马什人，面对满目疮痍的环境，感到痛心疾首。1769年后西班牙、墨西哥人接踵而至，在当地人看来，其罪行业已罄竹难书——他们引进牛群，种植外来草种，肆意狩猎，破坏了丘马什人与自然界的关系。据丘马什族长老塞穆·华特（Semu Huaute）的证词：

在西班牙人来到加利福尼亚之前，熊经常和我们一起采集浆果。它们非常友好，我们相处得十分融洽。我们相谈甚欢，互相理解。但西班牙人到来后，肆意射杀黑熊。从那以后，熊就不再和我们一起去吃浆果了。

然而，令人意想不到的是，1849年淘金热涌入的勘探者，其罪行更甚。他们为食其肉，致使成千上万的麋鹿、鹿、长角鹿、羚羊、大角羊，甚至海岸鸟类惨遭屠戮。同时，像灰熊和美洲狮这样的主要掠食者，也几近灭绝。除此之外，他们排干沼泽、开挖运河、扩张当地畜牧养殖，进一步侵蚀了自然栖息地。再者，为建造城镇和采矿设施，他们贪得无厌地四处砍伐，更是火上浇油。从今天的旧金山至塔霍湖区域的红木、松树和红杉森林被砍伐一空，一片光秃。同时，他们在当地大力开采水力，不仅改变了水的供应方向和河流走向，还严重污染了河流，使其变得不适合鱼类生存。除了对环境的破坏，人类也做了一些补救措施：1864年，约塞米蒂谷（Yosemite Valley）被开发为自然保护区；1884年，水力开采被取缔。但先前的肆意妄为，使丘马什人的传统生活方式早已日薄西山，补过饰非，为时晚矣。

长期以来，人类一直都是其他动物厄运的缔结者。新西兰奥特亚罗瓦（Aotearoa）曾生活着恐鸟，体型庞大（有些重达250千克，高达4米），形似鸵鸟，不能飞行，但早在15世纪，由于当地毛利人的不当狩猎行为，该物种惨遭灭绝。以恐鸟为食的哈斯特巨鹰，也因此消亡。此外，17世纪，大量水手来到毛里求斯，引进了各种外来动物，此地不会飞的渡渡鸟，却被后来者捕杀而尽。19世纪的人类活动，更是加速了物种灭绝。正如历史学家弗兰茨·布鲁斯威玛（Franz Broswimmer）所言，"工业革命，也象征着生态灭绝和环境退化的一个历史里程碑，因为在工业化的过程中，地球成了'进步'的牺牲品"。

类似的例子数不胜数。19世纪中叶，由于欧洲人对其羽绒、蛋和鸟肉的需求，北大西洋地区的大海雀（the Great Auk）自此灭绝。19世纪初，俄国和阿留申土著海豹猎人，在俄国沿海地区和阿留申群岛大肆捕杀海豹和海獭，使得后者的数量降至临界水平。19世纪70年代，非洲南部的荷兰殖民者，大规模养殖家畜，当地的伯切尔氏斑马，在与前者争夺草料的过程中落败，因而绝迹。候鸽，其数量一度高达数亿，是北美数量最多的鸟类，但在整个世纪中，该鸟持续不断地被猎食。这种鸟喜好大量聚集，也因而特别脆弱，有组织的猎人一天内便能杀死数万只，他们在五大湖区大开杀戒，一直持续到1880年。这种对野生动物的屠杀，往往丝毫不顾狩猎管理，也不顾幼鸟的抚养问题。随后，人类兴起了保护运动，但对许多物种来说，这些保护工作为时晚矣。例如，1905年，美国成立了全美奥杜邦协会（the US National Association of Audubon Societies），但这对濒临灭绝的候鸽来说，也于事无补了。最后一只候鸽，名为玛莎，在第一次世界大战爆发时，死于辛辛那提动物园（Cincinnati Zoo）。①

其他的物种即使没有沦落到灭绝的境地，但由于人类的捕猎火力越发强大，更多的栖息地沦为狩猎场，再加上贪婪不已的全球市场在其中推波助澜，它们也面临着沉重的生存压力。大象，是人类的主要目标之一——象牙可以用于雕刻，如梳子、钢琴键和台球，因而广受追捧。在19世纪后几十年中，为了维持利物浦和安特卫普的象牙交易所的运行，每年有数万头大象惨遭屠杀。这些交易所从非洲商人那里采购象牙，后者在猎杀大象时，甚至还会袭击村庄，掠夺奴隶。这些奴隶，绝大多数被大量运往东非的港口出售，而这

---

① 甚至在1914年9月，法国战场的第一次马恩河战役和俄国战场的加利西亚战役交战正酣时，诸如《埃尔帕索晨报》（*El Paso Morning Times*）这样的报纸还是在1914年9月14日挤出版面，报道玛莎的死讯。

些港口，同时也是象牙的重要出口港（另见第5章）。中部非洲地区大象数量与日俱减，需求却有增无已，因此，东部和西南部也逐渐开放了新的狩猎区，人类的贸易定居点和商队路线也随之不断扩大。

大象数量的减少，也引发了生态环境的变化。大象是大胃王。当它们数量锐减时，消耗的植物也在变少，后者数量激增，为携带疾病的采采蝇提供了理想的栖息地，以供其繁殖。在19世纪80年代末和19世纪90年代初，采采蝇携带的疾病，感染了越来越多的人和牛群。东非的畜牧业几近崩溃，95%的牲畜死于一场巨大的牛瘟。工业全球化使得非洲大象、牛、昆虫和人的命运交织在一起，形成了一个不可避免、极具破坏力的网络，该网络依附于全球经济，并以象牙作为对后者的回馈。

出于类似的原因，许多生活在海洋中或其海洋边缘的物种，在19世纪也面临着越来越大的灭绝威胁。19世纪80年代中期，北海区域引进蒸汽动力拖网渔船，单船的捕捞能力因而成倍提高，捕鱼船队之间的竞争也持续加剧，这对一些特定的鱼类物种来说，如同灭顶之灾。此外，制图学、通信网络，以及鱼叉、长矛和炸弹制造技术的进步，助长了人类捕鲸的气焰，后者虽是地球上最大的生物，却也难逃一劫。早在1815年之前，人们就已肆意猎杀鲸类，后者有时甚至濒临灭绝，而19世纪，蒸汽动力捕鲸船和爆炸性捕猎设备的出现，甚至将猎杀鲸类的行径产业化。早在1840年，大量的捕鲸船便会从捕鲸之都——位于马萨诸塞州的新贝德福德港（New Bedford）出发，进行长达三年的海上航行，每艘船只捕杀的抹香鲸多达3000头。

在19世纪的商品市场上，鲸有着特殊的价值。鲸油可做灯的燃料，是人造黄油、蜡烛和食用油的主要成分，也可作为工厂机器的润滑剂。鲸的骨头可以制作胸衣、雨伞、马车鞭子、衣领支架、玩具，或者磨粉制成肥料。抹香鲸的牙齿，可以用来制作钢琴键、象棋棋子和手杖的手柄。在当时，捕鲸是大生意，鲸类制成的产品，对工业经济的发展有着不可估量的价值。鲸一度濒临灭绝，两件事情使其幸免于难——其一是化石燃料（包括电力）取代了灯油；其二则是鲸数量的急剧减少，捕鲸的可预测性降低，制造商因而转头寻找替代材料。例如，石油逐渐取代了鲸油润滑油。尽管如此，鲸群和海洋环境所受的损害，仍是极度严重的，其中，灰鲸、北极弓头鲸和南露脊鲸尤甚。

19世纪工业化的发展中，另一个极为重要的被商品化的动物是北美野牛（水牛）。北美野牛群的逐渐消亡，与美国边境的扩张、殖民者对原住民社群的驱逐和消灭，以及全球工厂的发展，并驾齐驱，同步进行。几千年来，美国原住民都有猎杀野牛的习惯，有时也会大量、集中猎杀野牛。例如，野牛跳崖处（Heads Smashed In）——位于加拿大阿尔伯塔省南部，已被加入世界文化和自然遗产——一年一度的野牛赶猎活动中，黑脚族人会将野牛群赶下悬崖，随后将其宰杀，并加工成食物、衣服、工具和建筑材料。在美国大平原地区（the Great Plain）的许多印第安人部落中，野牛是维持其生活方式的重要来源之一。

但是，19世纪西方经济、政治和军事力量介入其中，使当地发生了天翻地覆的变化，无论是北美野牛，还是本地原住民，都被逼得濒临灭绝。原住民的生存压力与日俱增。殖民者及1849年到来的矿工，在该地区四处迁移，导致一些致命的疾病流传开来。比如，科曼奇，原本是南部平原上人数最多的原住民部落，到1840年已有四分之三的人口病逝。不过，在1860年之前，原住民仍然持续与欧洲和美国商人进行交易，每年的野牛皮交易量约为10万张，以满足全球对野牛长袍和皮革的需求。

然而，德国和美国的制革商随后开发出一种工艺，将野牛皮用于制作工业机械的传动带，因此，人们对野牛皮的需求骤增。大约在同一时期，铁路被引入大平原地区，获取兽皮也因而变得更轻易、快捷。美国内战（1861—1865年）结束后，美国政府支持了一场大规模的野牛狩猎运动，并将获取的宝贵皮毛投入工业生产。当时，一些大平原上的原住民部落正极力抵制美国政策，此次活动也旨在破坏这些部落的生活方式。到了19世纪70年代，一系列的狩猎活动使南部平原的人民陷入了贫困，而狼却得以享用白人猎人、剥皮者留下的大量野牛尸体，大快朵颐，并不断繁衍。在这些屠杀中，数以百万计的野牛惨遭屠戮。仅在1872—1874年，就有近1000万张野牛皮，通过铁路从南部平原地区运出。更令人毛骨悚然的是，一些狩猎者甚至摇身一变，成了名人，其中包括"水牛比尔"比尔·科迪（Bill Cody）。他一个人就杀死了数千头水牛，随着铁路建设和屠宰的推进，他将屠宰来的肉卖给了前来务工的太平洋铁路公司的施工人员。此外，不时还有权贵加入他的狩猎活动。最终，他转而制作"荒蛮西部秀"，并摇身一变，从屠夫变成了一个艺人。

与其他环境开发活动无二，屠杀野牛这一行径，也引发了一系列抵制活动，并且不仅仅来自原住民内部。1874年，美军发起红河战争（the Red River War），旨在将科曼奇、基奥瓦、南部夏延和阿拉帕霍部落，从南部平原迁至指定的印第安人"保留地"，菲利普·谢里丹（Philip Sheridan）将军解释了其中的利害关系：

我们夺走了他们的家园、他们赖以生存的手段

（野牛），破坏了他们的生活方式、生活习惯，还给他们带来了疾病和腐烂，正是出于这些原因，他们才发动了战争……任何人被逼到这个地步难道还能有退让的余地吗？

然而，在接下来的20年里，美国军队和北太平洋铁路的行动核心，仍是捕杀野牛和驱赶大平原土著，甚至在"受保护的"印第安人保留地中，也开辟出了一条道路。经历了大量的流血事件，印第安原住民的抵抗以失败告终，"天命论"也因而横空出世。比如，1890年，苏族人的"坐牛"（印第安人部落对首领的称呼，两周前被杀）的约450名追随者被美国第七骑兵队，于翁迪德尼（Wounded Knee[①]）射杀，象征着苏族人与美国的斗争的悲惨结局。一位罕见的幸存者对当时的情景如此描述，"我们就像水牛一样被屠杀"。

工业全球化虽然导致了许多种族和物种的毁灭，但它也使生物多样性得以在海洋和大陆间广泛传播。其中一部分生物迁移，是人为的结果。但就像人类的迁移活动一样，新物种的引入有其裨益，也有弊害。19世纪大规模的殖民

---

① Wounded Knee译为中文其含义为"受伤的膝盖"。——编者注

者（如第5章所述），在生物迁移过程中，起到了决定性作用。这些移民，将熟悉的动物和植物随身携带，企图用以重塑"新世界"，使其看起来更像"家"，也更能感受到"家"的氛围。但在此过程中，本地的环境却发生了大量不可逆转的改变。我们不妨参考一下，欧洲的植物、动物对新西兰独特生态系统产生的影响。在13世纪毛利人到来之前，除了蝙蝠，新西兰本土没有任何的陆地哺乳动物。[1]但在19世纪，已经有各式各样的外来物种被引入：各种老鼠、白鼬和黄鼠狼（用以控制老鼠）、澳大利亚负鼠和鹿（用于狩猎），还有日益增多的适合放牧饲养的哺乳动物，如绵羊、奶牛和猪（包括亚洲的酷你酷你猪），以及家猫和狗。这些外来物种，使当地物种数量骤减，例如一些不能飞的鸟类，以及许多青蛙、蜥蜴和无脊椎动物。除此之外，移民者还将鳟鱼、白鲑鱼和鲑鱼引入新西兰的河流和湖泊，此举虽然一定程度改善了定居者和游客的捕鱼条件，却是以当地原产的upokororo（一种灰鱼）的数量锐减和新西兰水道的生态平衡为代价。

与此同时，一些新植物和作物的引进，也对环境产生了意想不到的破坏性影响。而其中大部分影响，都是随着新移

---

[1] 毛利人从太平洋地区带来了田鼠，从波利尼西亚带来了犬类。

民者的到来而来的。在19世纪中叶，一种开黄色花的荆豆灌木植物（又名金雀花）被引进，用以给农场提供树篱，这种植物肆无忌惮地横扫了新西兰的各个岛屿，至今仍是当地一种有害的杂草。当时，中国的商品菜园及园艺文化，在其各大工业城市中盛行于世，也有许多物种被引入新西兰。正如历史学家詹姆斯·贝蒂（James Beatty）所述，这些来自中国的植物，在新西兰比比皆是，该现象也足以证明，19世纪的植物贸易是多么全球化，中国在其中又是发挥了多么重要的作用。毕竟，杜鹃花、菊花、山茶花、牡丹、水仙、银杏树和许多种枫树，均是起源于亚洲。尽管，茉莉花散发出甜美气味，足以令人陶然而醉，但当这些外来植物（以及其他的物种，如生姜和琼花）逃出移民者的花园，逃离他们的控制范围，并归化到新西兰的环境中时，这些入侵物种却扼杀了本地植物，毒害其根系，并破坏当地的土壤生态。

19世纪，新西兰殖民社区不断扩张，再加上全球市场对木材需求的增长，推进了该国的伐木业，引发大规模的森林砍伐。到19世纪90年代，新西兰的原生森林业已损失惨重。新西兰效仿其他工业大国，大量种植外来松树品种，这些树种生长速度较快，以此来满足当地和全球对木材的持续需求。此外，工业生产及其带来的需求，还从根本上改变了（在某些情况下完全消除了）美洲、非洲、澳大拉西亚、印度、东南亚和整个太平洋地区的古老森林景观。以蒸汽为动力的锯木厂如泉涌现，铁路网不断延伸，以及不断增长的市场需求，致使土地开垦成为当地首要出口业务。但这也造成了当地环境满目疮痍。举一例以言之，19世纪50年代，仅在美国中西部大湖湖区，便有1.53亿英亩的土地（面积大约相当于法国的大小）被开垦，用于耕种。另有一个面积比前者大12倍的地区，被用于工业发展，该地区的树木因而被砍伐一空。截至1900年，美国的原始森林已然只剩下13%。

19世纪，东南亚的人心果森林的消亡，也同样给环境带来了破坏性后果。长期以来，马来西亚、婆罗洲和越南的原住民一直使用人心果的汁液（古塔波胶）来制作工具、刀柄和手杖。19世纪40年代，德国和英国研究人员发现，古塔波胶具有极高的热塑性绝缘价值，自此以后，该橡胶的许多特性和潜在用途，都得到了更深入的开发。在随后的10年中，超过100万千克的树液被出口到英国，用以制作电报线和海底通信电缆的外皮，而此类古塔波外皮，很快便成为工业标准。此外，由于古塔波树液具有很强的生物惰性，它还被用来制作外科和牙科用品。古塔波胶的特性，也广受家具、玩具制造商以及高尔夫爱好者的喜爱。1848年，罗伯特·亚当斯·帕特森（Robert Adams Paterson）使用古塔波胶制作新的高尔夫球球心，使得这项运动发生了极大的改变。直到

1890年，古塔波胶的球心才被橡胶取而代之。①再者，古塔波胶树的木材，也是出色的造船材料。总而言之，工业发展对古塔波胶有着巨大的需求，促使数以千万计的人心果树被采伐，大部分人心果森林，在几十年内成为千里赤地。

工业资本主义，致使全球大部分地区的古老森林，同其他许多东西一样，被转化为可供交易、销售和交换的商品。损失了如此多树木，不仅使得全球气候剧变，还影响了当地的生态系统，对动物和植物都构成了威胁。此外，这些森林生态系统还是一些原住民赖以生存的自然环境，该生态系统的覆灭，使他们的生活和文化也受到了威胁。另外，在1800年之前，英欧世界业已破坏了他们自己的大部分森林。因此，他们的工业化主要依赖于外来资源。他们的工业帝国主义，对自然环境造成了极为严重的后果。

在第一次工业全球化的时代，工业帝国对环境及其各种生命形式，均造成了极大的破坏性影响，但前者也采取了一些措施，来试图减缓工业化进程，或限制其影响。显而易见，随着森林的消亡，曾经盛行一时的动物群落骤减，人类对环境代价的理解，也在不断加深。到19世纪初，欧洲人已

---

① 橡胶来自乳胶，即从橡胶树上提取的植物乳液；19世纪末，这种树在世界各地的种植园里都有种植。

然意识到，他们本地古老森林的消失，导致了土壤侵蚀、洪水增加和降雨量减少。同时，他们也意识到，无节制地杀戮和猎捕动物，会导致它们陷入灭绝的境地。然而，在大多数情况下，这些英欧人的反思，却只是想象通过在未来能够利用更先进的科学，以及不断地扩张他们的"文明"，去"解决"现有的环境问题。因此，他们对环境保护的理解，即人类对自然的掌控程度（人类塑造环境）。与之相反，许多原住民社区，则倡导一种共生的保护模式，寻求人类与自然"融为一体"的境界。

然而，共生的概念，很少与全球资本主义的贪婪本性挂钩。19世纪90年代，西方世界的生态学研究业已取得重大进展。例如，出生于英国的新西兰人伦纳德·考凯恩（Leonard Cockayne）获得了开创性成果，他在1911年指出，"引进的植物"可能：

> 起初比本地物种更适合当地的土壤和气候……但为了造就与欧洲相近的土壤条件，必须先进行排水、开垦，并不断焚烧森林、灌丛和灌木丛和草丛，以及放牧饲养家畜。基于上述原因，欧洲入侵者能够取代原住民也就不足为奇了。

世界上越来越多的人（不仅仅是那些从一开始就抵抗工业和帝国主义发展的原住民社群）开始反思自然栖息地的损失，并对此提出严肃的问题。这一盛行的保护运动，促使许多地区的政府建立国家公园和自然保护区，并通过一系列法律来保护自然遗址。1872年，美国联邦通过法案，建立了黄石公园（Yellowstone Park），这是世界上第一个国家公园（尽管已经有一些自然保护区已经建立，包括上文提到的约塞米蒂国家公园）。该国家公园横跨怀俄明州西北部，占地200万英亩，建造该国家公园是为了保护该地区的原始自然美景，使美国人民能够欣赏到其中的瀑布和间歇泉。

然而，上述措施的核心理念仍是，人类可以改造"荒野"。正如历史学家伯恩哈德·吉斯比尔（Bernhard Gissibl）、萨宾·哈勒（Sabine Hähler）和帕特里克·库珀（Patrick Kupper）所述，工业化国家，通过国家公园，将自然"文明化、领土化和分类化"，与此同时，什么可以被开发、什么需要被保护、什么可以被研究，也都被划定了明确的界限。在此过程中，这些国家的政府对自然保护工作加以界定，并使其本地化（从而能够持续开发其他的自然资源），就好像这些国家公园，能被吹嘘为"文明"的象征一样。建造这些国家公园和保护地，还旨在控制和排斥原住民社群，防止他们使用国家公园的资源，或按照自己的传统管理国家公园。对许多工业国家来说，保护环境，换句话说，是为了按照西方规定的方式，来控制地球和人类。

同时，一些原住民部落（比如新西兰的一些毛利部落）动员起来，云集响应国家公园的建立，并于其中成功保护自己的"珍宝"，免受投资者、移民者、游客和国家开采。1887年，纳提图华雷图瓦族（Ngati Tuwharetoa）酋长蒂·修修·图基诺三世（Te Heuheu Tukino Ⅲ），将其部落在汤加里罗火山周围的神圣土地，赠予新西兰政府保管。基于这份礼物，新西兰的第一个国家公园，才得以在1894年建立。许多其他的国家公园也接二连三地涌现。这些国家公园，为当地毛利人提供了某种缓和机制，使其免受殖民主义定居点、铁路线和其他外来入侵的影响。然而，这也仅仅是缓兵之计——这些国家公园很快便成了广受追捧的旅游和休闲胜地。艺术家社区、温泉疗养院和远足小径，纷纷在该地区及其附近区域发展起来，而这些场所，多数是在以西方的方式大肆赞美自然，宣扬自然的奇迹。国家公园的建立，并不足以阻止工业全球化，也不足以遏制殖民地和"蓝水帝国"的扩张，但它确实为一些地区提供了保护，使其免受极具侵略性的生态破坏。

截至1914年，距离第一次工业全球化已过去一百年，显而易见，世界在其工业发展过程中遭受了重大的生态破坏。

当年7月至8月，第一次世界大战爆发，改变了全球互联的地缘政治基础。多年的"工业化世界大战"，本身就对生态系统产生了破坏性影响。战争虽然打断并结束了第一次全球工业化的时代，但它没有割裂地球的生态联系，当然也包括病原体之间的相互联系。事实上，为了在战争中取胜，这些数量空前的部队，在全球范围内四处调动，而在此过程中，他们携带着破坏的种子，引发了"西班牙流感"的疫情，造成了此次战争中最严重的后果。这场流感于1918年暴发，并在随后的两年中，在地球上肆虐横行，引发了三波致命的浪潮，造成5000万至1亿人死亡。所有的大陆（南极洲除外）和几乎所有的人类社群，都被卷入其中。唯有那些实行了严格隔离的社区，才得以逃脱流感的蹂躏。在"西班牙流感"的全球攻势之下，无论地位高低，所有国家都在所难逃。这场疫情的破坏力，也体现了第一次工业全球化对环境造成的影响。讽刺的是，19世纪，世界上大部分的政治和经济秩序，均已被漫长、可怕的"一战"所破坏，而这场流感，又进一步破坏了人类为构建全球和平所做的努力，使本就剑拔弩张的国际局势更加动荡不安。

第 7 章　1850 年后的战火纷飞

从"撒旦的磨坊"到殖民地的开发，19世纪工业化发展致使民不聊生，造成了持久的环境破坏。全球化，便是利用一个复杂的、相互联系的网络，"将人类社区串联起来"，从而施行其影响力的过程，而这却很少能够通过和平手段实现，因而广受争议。19世纪工业帝国的扩张和建设，无论是有形的还是无形的，都伴随着大量且持续的分歧与抗议，以及"自下而上"的抵抗活动，尤其是殖民地原住民的不屈抵抗。政府往往使用军事力量对此类抵抗进行镇压，但无论是在国内还是国际，其暴力的镇压行为却很少受到限制。基于此，战争和国家暴力（由士兵、警察或其他国家代理人实施）成为19世纪一个明显的特征，同时也是这个"殖民帝国时代"的一个显著特点。

本章重点围绕19世纪下半叶"工业和帝国巩固"时期展开论述。在本章中，我们将论证，这一时期的战争和军事行动具有全球相互依存性，同时，工业化国家在巩固自身对其他国家的殖民、经济统治时，会同时使用并权衡避免战争（war avoidance）和鼓吹战争（war mongering）这两个战略。此外，安托瓦内特·伯顿（Antoinette Burton）有理有据地将武装叛乱概念化，将其称为19世纪帝国主义的"地方性"。基于他的理论，19世纪帝国主义的基础，不仅建立在工业化国家发展出的技术、经济和制度优势上，还仰赖于对抵抗活动的有效镇压。因此，从各种意义上来说，"革命时代"并非终结于1848年，因为在19世纪末，"下层"对"上层"权力的抵抗，也是其主要的时代特征之一。

19世纪，战火纷飞，这些战争均有一些显著的特点。首先，人们普遍认为，政府使用暴力（无论是对另一个国家发动正式战争，还是对民众进行治安管理）合乎法理，也是众望所归。19世纪30年代，卡尔·冯·克劳塞维茨（Carl von Clausewitz），普鲁士举足轻重的军事战略家，对政府发动战争的权利做了如下描述：战争，是"以其他手段延续政治"。无论是针对国内的敌人，还是针对另一个国家，政府都是经过了一系列的考量、权衡各方利益之后，才会选择发动战争。此外，国际环境（政府与其他政府之间的关系，以及一系列帝国、外交、经济和政治利益的影响）一定程度上对战争起到了限制作用，尽管这无关于具体的实例——大部分情况下，国际环境并不能限制某一特定战争中出现的暴力影响。再者，武器的技术进步——无论是后装步枪、铁制或钢制的战舰，还是炸药和飞机的发明——也有可能加剧战争的破坏性影响，而这些工业武器的拥有者，也将占据特殊的优势。

正如第2章中所述，"革命-复辟时代"（1815—1848年）的一个普遍特征，便是使用军事力量，对革命进行镇压，继而更好地施行国家权力。但即使在1848年之后，工业化政府或其殖民代表，在扩张、巩固有形和无形的帝国时，对武力的使用也毫不迟疑。在这些国家和帝国范围内，抵抗运动四起，他们也不得不保有武装力量，以应对这些反抗。正如历史学家夏洛特·麦克唐纳（Charlotte MacDonald）在其《帝国士兵》（*Soldiers of Empire*）一书中强调，英国的殖民武装力量，对于英国得以在全球范围内实施和维持其"法律和秩序"，发挥了至关重要的作用。此外，安托瓦内特·伯顿也指出，这些外国统治者和他们强加的规则，无一例外受到了当地土著的反抗。在清朝、罗曼诺夫王朝、哈布斯堡王朝和奥斯曼苏丹统治的古老帝国中是如此，在英国、法国、荷兰、比利时、德国、美国和日本等较新的"蓝水帝国"中也是如此。从警察行动到"焚烧村庄""焦土战术"的军事策略，国家暴力呈现多层级的分布，为19世纪全球帝国秩序的建立和维持提供了保障。

不过，从国家间关系的角度来看，19世纪是一个相对和平的世纪，尽管在19世纪，国家之间也爆发了一系列"正式"的战争，但后者往往被严格管控与制约。1815—1914年，"正式"的战争爆发次数相对有限，这一点引发了欧

洲外交历史学家们的思考。①他们认为，"同盟体系"以及
"有限战争原则"（如第2章所述），构成了欧洲"长期"
和平局势的基础。从地缘政治的角度来看，他们言之有理：
不同国家兵戎相见时，其政府会勠力缩小地缘政治的影响，
以保护集体安全，规避内部革命、外部威胁的隐患。如此一
来，他们不仅保护了国际体系的稳定，还巩固了自身的国际
地位；并且，许多国家还得以利用他们的国际地位，在世界
范围内，扩张其"有形"和"无形"帝国的领地。此外，借
助（欧洲）"同盟体系"和美国的门罗主义，这些工业化国
家得以将整个世界，纳入其经济、政治和文化控制网中，并
规避大规模战争的爆发。

　　当然，对于工业化国家统治下的人民来说，19世纪远
非和平的。"英欧和平世界"（一些国际历史学家的说法）
与"帝国主义暴力世界"二者事实上是重叠的，这有力地解
释了，为什么社会文化史学家往往对传统的国际历史不屑一
顾。然而，19世纪的战争，无论发生于何地，彼此之间都利
害相关：一个地区，只有自身（内部）处在和平与安全的状
态下，才可能对另一个地区发动战争。此外，自19世纪以

---

① 这与早期现代化时期（1815年之前）的战事频仍，或是
1914—1945年的"全球全面战争"形成对比。

来，信息交流网络不断延展，促进了有关战争的新闻和观点广泛传播。全球化，使全球范围内大大小小所有的战争，无论发生地多么偏僻，都可能成为全球媒体的关注热点，也使各国及其人民得以及时做出反应。

全球媒体环境的变化，强有力地影响了当代人对于战争的理解，克里米亚战争（1853—1856年）便是一个出众的论例。在这场战争中，众多战地记者跟随军队出征，借由邮政系统（通过船只）或电报，将战地报道传送给国内的报社。此外，战争中还浮现了军事摄影记者的身影。近期的新发明，如电报、蒸汽船和达盖尔摄影机，都使战争前线的新闻，能够在一天或两天内到达报纸读者手中，而在过去，这样的新闻可能需要耗时数星期，甚至数月，才得以发表。基于此，战争新闻实现了相对实时性，但随之而来的是其政治后果，特别是新闻内容并不光彩之际。例如，在英国，军事上的频频失误，致使许多英国人相信，战争纯属白费力气，多此一举。不过尽管如此，艾弗里德·丁尼生（Aifred Lord Tennyson）的诗歌《轻骑兵的冲锋》（*Charge of the Light Brigade*）（该诗描述了1854年英国在巴拉克拉瓦阵地对战俄国时，骑兵前仆后继正面攻击，却惨遭屠杀，诗中展现了他们英勇无畏的精神），以及弗洛伦斯·南丁格尔（Florence Nightingale）护士被浪漫化的治疗伤员故事，依旧广受喜爱。数以千计的伤亡报告——由于缺乏像样的医疗设施，以及肆虐的疾病、酷寒，22.7%的英军战死沙场——引发了对战争的广泛批评。这些批评意见，促进了战后英国的中立外交政策的形成，至少在涉及欧洲战争时是如此：既然无利可图，为什么还要参战？

当然，这并不是说19世纪中期的英国没有军事野心，也不是说他们不为自身的陆军、海军的成就和履历引以为豪。相反，在克里米亚战争后，英国政界对英国和皇家海军的实力更加深信不疑，相信他们"有权统治"其他民族，英国的势力必然能在全球范围内扩张。此外，他们还认为，服兵役是男子气概的一种体现。在19世纪和20世纪初，类似帝国责任、军人价值的概念，也在其他工业化国家蔚然成风。而此类概念的兴盛，一定程度上因为当时的人，是基于他们对于国际体系该如何运作，以及他们对于自身作为"文明人"在该体系中的地位的认知，构建他们对帝国主义和战争价值的理解的。因此，19世纪的英国、欧陆国家、日本和美国，战争业已日常化，甚至是他们生活中值得称道的一部分。不过，这并不意味着所有的战争，甚至所有的士兵，在当时的人眼里都是平等的。

19世纪，英欧国际体系的框架内，存在三种类型的战争：国家间战争、内战和帝国战争。国家间战争，或"正式的"战争，顾名思义，即一个公认的国家，对其他公认的国家发起的军事冲突。此类型的战争特征彰明较著：通常会有一个政府进行正式的宣战，并伴随着众多非交战国发表其中立声明。此外，在此类战争中，国家通常会调动到他们的武装部队。只有公认的独立国家，即"文明国家大家庭"中的一员，才能发动此类战争。出于此，发动一场国家间战争时，须遵守各项外交协议，例如，不杀来使——驱逐敌方的外交官和特使。同时，虽然国际战争法的条款尚存争议（并可能被重新诠释），国家间战争仍须在该法的框架下进行。因此，国家间战争，是由交战国政府和其中立邻国的外交关系，以及冲突期间造成的经济和军事损失所界定的。颇为矛盾的是，当时的人仍经常将这种战争描述为"文明的战争"，因为这些战争理论上应该是有所克制的冲突。国际战争法所确定的"文明"准则，禁止毫无节制地使用暴力。

自1856年的《巴黎宣言》伊始，此类法律规章越来越多地被写进多边条约。自1815年（欧洲）"大会制度"界定了国际环境以来，外交上克制、中立和避免战争的原则早已嵌入其中，这些国家政府认为，制定一个具有约束效力和普遍意义的"战争法"，可以使这些原则更加稳固。得益于此法，当其他国家处于战争状态时，他们更能够保护自己的中立权，保障全球商业的安全，使其不会无端受到交战国的军事冲击，同时保全他们前往"蓝水帝国"的通道。19世纪的战争法，理固当然地允许敌国互相打击对方的商业，但同时，它也致力于防止交战国不适当地干涉非交战国的商业事务。毕竟，他们也希望，在其他国家处于战争状态时，他们能从自身非交战状态中获利。

对于许多工业化国家政府来说，1856年后严令禁止国家间战争的另一个主要目的是抵消工业化军事技术快速发展的影响。19世纪是一个发明和创新的时代，包括数不胜数的新武器装备。一众企业家和发明家，积极进取，魄力非凡，投资工业化军备生产，并因此日进斗金。1866年，阿尔弗雷德·诺贝尔（Alfred Nobel）发明了炸药，扩大了炮火的覆盖范围，提升了其爆炸能力，因而引发了采矿业的革命。此外，依照他的遗嘱，他的财产被用于设立诺贝尔奖。1884年，海勒姆·史蒂文斯·马克沁（Hiram Stevens Maxim）发明了首台能够进行快速射击的机枪（马克沁重机枪），暴风雪式地席卷了陆地战争，带来了毁天灭地的后果。这些重大技术突破，对帝国扩张及管理来说无异于如虎添翼，但倘若跟不上对手国家的军备进步（或跟不上其他国家武装部队的深见远虑，对军队组织编制进行改良），欧洲内部的权力平衡也有可能会被打破。繁荣富强的国家——如英国、普鲁士

（德国）、法国、美国以及19世纪90年代的日本等工业化国家，都具备投资新技术的经济实力。私营的军备公司也十分乐意为这些国家提供产品。到了1900年，军备投资已然成为这些工业大国展露其实力的方式之一——他们互相较量着军队和海军的实力。各工业大国在军备采购上的针锋相对，成为导致20世纪初国际格局出现变化的一个主要因素，并导致了第一次世界大战的爆发（详见第9章）。

即使是在19世纪60年代的欧洲战争中，地方政治、（欧洲）"大会制度"原则、新兴军事技术和全球经济之间也有一定的相互影响力。1859—1871年，欧洲爆发了一系列为时不长，但具有决定性意义的战争，重塑了其主要国家的地理边界，并建立起两个新的民族国家——德国和意大利。当时的人将意大利和德国的统一战争界定为国家间冲突，这也使现有的国家政府得以发动其武装力量，与邻国兵戎相见。在这两个国家统一的进程中，与19世纪20年代的希腊独立战争如出一辙（详见第2章），欧洲大国均参与了其战争的进程，事无巨细地协助管理，并调节其影响，以防它们威胁到欧洲安全、引发全面战争，并防止它们对全球经济造成太大干扰。

例如，在1859年的第二次意大利统一战争中①，24万法

---

① 第一次意大利统一战争发生于1848—1849年的欧洲革命。

国和撒丁岛士兵与22万奥地利士兵短兵相接，企图争夺意大利北部各邦国的统治权。这场冲突迅速招致意大利其他邦国及其部队的加入，包括意大利民族主义者朱塞佩·加里波第（Giuseppe Garibaldi）——一个反帝国主义者，19世纪30年代和40年代，他在巴西和乌拉圭习得了游击战的艺术——领导的部队。第一波战争只持续了几个月，法国皇帝拿破仑三世亲自与奥地利皇帝弗朗茨·约瑟夫一世（Franz Joseph I）谈判，拟定和平条款，战争便迅速落下帷幕。在索尔弗利诺战役（Battle of Solferino）中，短短9小时内，法奥两国就遭受了40 000人的伤亡。此外，他们还担心，倘若战争蔓延到中欧，后果则不堪设想。同时，普鲁士政府业已动员其武装部队，蓄势待发，并宣称，只要意大利地区的力量平衡没有发生重大变化，它就会保持中立的态度。1859年6月，法奥双方匆匆签署《维拉弗兰卡和约》（*The Peace of Villafranca*），结束了它们对意大利战争的军事干涉，普鲁士因而保持中立。法奥的行径，使撒丁岛人落入孤立无援的境地，独自面对意大利其他邦国的怒火。1859年的冲突，给意大利带来了巨大的变化，加里波第的游击队因而受到激发，在意大利南部发动了民粹主义战争，此次战争与撒丁岛战役相结合，合力统一了意大利全境，建立起一个单一的民族国家，并由皮埃蒙特和撒丁岛的国王统治。

意大利独立战争，是地方政府（各邦国意大利人的行动）与大国外交二者共同的产物。在很大程度上，正是因为大国在战争过程中参与受限，意大利才能以它的方式实现统一。意大利的统一战争，对于全球经济的影响微乎其微（除了它对军售的推动作用）。此外，在此次战争中，大多数欧洲国家保持中立的承诺，也一一得到证实。同时，既有国际框架还确保了统一的意大利，不会打破现有（欧洲）"同盟体系"的一般原则。在其成立后，意大利致力于规避与其他大国的战争，并从中获利。此外，它还设法从其他国家的战争中获益：1866年从奥地利手中获得威尼斯（因为奥地利人在普奥战争中惜败），1870年获得罗马（因为法国人在普法战争中从该城撤走了驻军）。

与意大利统一战争相比，德国的三次统一战争——1864年的丹麦战争、1866年的普奥战争，以及1870—1871年的普法战争，对（欧洲）"大会制度"来说更是一种挑战。很大程度上是因为它们瓦解了德国邦联，结束了德国37个邦国的主权独立，并重塑了哈布斯堡王朝统治的帝国。继1859年意大利统一战争余波之后，普鲁士军事专业化水平已然大大提升。普鲁士首相奥托·冯·俾斯麦充分利用其军事优势、审慎的外交手段以及成功的作战计划，扩大了普鲁士王国的地区影响力和经济范围。其中，为争夺石勒苏益格（Schleswig）和荷尔斯泰因（Holstein）两个公国的控制权，普鲁士发动了普丹战争，此次战争也使普鲁士能够更为便利地进入北海（从而融入全球经济）。在对抗其盟友奥地利的战争中，普鲁士于克尼格雷茨战役（Battle of Königgrätz）取得了决定性的胜利，最终大败奥地利。普鲁士之所以能在这两场战役中大获全胜，一定程度上是因为其他大国保持了中立，特别是英国、俄国和法国。上述冲突也强调了，技术、工业的进步，对于战争的发动有着举足轻重的作用。1867年，普鲁士已然是一个公认的军事强国，而奥地利帝国却濒临内部崩溃。并且，普鲁士退出德意志邦联后，奥地利帝国国内兴起了一场政治危机，导致其改组为奥匈帝国的双重君主制。

德国统一战争的最后一战，几乎可以说是事出偶然。1870—1871年爆发的普法战争，源于一场关于王朝继承的争端——1868年西班牙革命后，谁接管西班牙王位的问题。普鲁士提议，由一位信奉天主教的霍亨索伦亲王继任，拿破仑三世对此怒不可遏。他拒绝接受普鲁士对西班牙王位继承问题的干涉，并向普鲁士正式宣战。然而，事与愿违，普鲁士的军事力量很快便在此战中占据上风，普鲁士入侵了法国，围困斯特拉斯堡和巴黎，并在色当俘获了法国皇帝。法国被迫投降，巴黎居民因而大肆起义。拿破仑三世虽然得到了释放，但他还是逃离了法国，流亡至英国。这场战争，促使其他德意志邦国（不包括奥地利）与普鲁士联合起来，形成了一个新的民族国家——德意志帝国，普鲁士国王威廉一世（Wilhelm I）被加冕为德意志皇帝。德意志帝国的建立，对欧洲各帝国来说，意味着又一个潜在的强大工业对手的崛起，它使法国人心有余悸，使英国人和俄国人忧虑不已，使奥地利人坐卧不安。

传统意义上，外交史学家将普法战争描述为（欧洲）"同盟体系"的"终结之滥觞"。他们认为，德意志帝国的建立，打破了欧洲的外交平衡，并将其作为1914年第一次世界大战爆发的关键原因。但是，尽管当时许多人惶惶不安，担心一个强大的德国会对欧洲的平衡造成不利影响，1870—1871年的普法战争实际上严格遵循了"同盟体系"的众多关键原则。尽管比利时领土能够为二者带来地缘战略优势，德国和法国双方却都选择尊重比利时的中立地位。做出此举的关键原因，是他们担心破坏了比利时的中立之后，会招致英国、奥地利和俄国（因而招致整个欧洲）的干涉。虽不能获得比利时的地缘战略优势，但至少这三个大国以及其他较小的欧洲国家都得以保持中立的状态。此外，1871年战争结束后，新的德国政府着眼于自身的长期安全，致力于规避与欧洲各国爆发战争。当其他国家开战时，德国一再宣布自己的中立态度，并积极协调各方，以应对一些国际危机，其中包括1878年和1885年开展的柏林会议。在1871年德国统一后的40多年里，大范围的和平笼罩整个欧洲大陆，战争消停一时。

国际法，被当时的人奉为圭臬，这一点在19世纪60年代欧洲的战争中也彰显得淋漓尽致。这些法律界定了交战方和中立方的公认界限。值得注意的是，这个原本只是规范欧洲国家间战争行为的法律框架，后来扩展到了"文明国家大家庭"中所有国家的范围。亚洲和拉丁美洲的政府，也相继借由遵守国际法的行为，以强调它们在国际体系中存在、发言的合法性。例如，在中日甲午战争（1894年）和日俄战争（1904—1905年）期间，日本人甚至任命了国际律师，要求后者与他们的军队一起跋涉征战，以确保他们没有违反任何规章。如此一来，日本政府便声称自己是一个"文明"国家，并宣称其有权与其他工业化国家一起，加入国际治理的行列。此外，日本还经由遵守国际法的行为，进一步使自身的野心合法化——随后通过不平等条约强占中国台湾（1894—1895年）、占领朝鲜（1907年）并渗入中国东北，以图建立自己的工业帝国。

1907年，44个国家的政府参与签订《海牙公约》（*Hague Conventions*），其中超过半数是非欧洲国家，这进一步体现了国际法的合法化与重要性：它是指导全球各国处理相互关系的规范性原则。拉丁美洲国家的政府甚至制定了自己的仲裁机制，旨在避免彼此之间爆发战争，特别是因合同债务引发的战争。此举的目的是让拉丁美洲国家的政府能够作为本国经济和外交代表，更有力地在国际舞台上竞争，并在此过程中对抗美国日益增长的力量，以及数个欧洲国家的无形帝国主义，从而维护自己的主权。如第9章所述，建立正式外交规范的国家数量与日俱增，不仅对国际环境产生了重大影响，同时也反映了，在20世纪初，英欧的国际法和外交协定体系已占据主导地位。

许多国家的政府转向中立，该行径也被内化为它们的民族特性，其中包括美国和拉丁美洲的一众国家。这种身份认同，即注重自身的国家利益（其言下之意是，"作为中立国，我们便可以向整个世界提供货物，从而实现繁荣"），也注重其作为中立国在世间行善的可能性，比如实行人道主义（"作为中立国，我们对全球和平与繁荣至关重要"）。基于此，中立国的盛行，有助于提升国际法的价值——避免战争、限制战争以及实施人道主义。当邻国发生战争时，中立国都会派遣救护队前往战争前线；同时，他们接收难民，并向难民营提供物资。例如，在普法战争期间，英国慈善机构向被围困的巴黎市民，送去了可观的资金、医疗用品和食物。在第二次英波战争（1899—1902年）期间，荷兰将其军舰派往非洲南部，以拯救非洲的妇女和儿童。此外，还有一些中立欧洲国家的红十字会派出了救护车，以提供医疗援助。

19世纪下半叶，许多民族国家纷纷转向中立，这也促进了人道主义活动的发展，同时激励国际主义者奋发作为。例如，1863年红十字国际委员会（ICRC）的成立，以及1861年《日内瓦公约》（*Geneva Convention*）的缔结，都取址于瑞士，一个永久中立国。二者都旨在为（国家间）战争的受难者提供医疗服务。其中，《日内瓦公约》（最初由12个国家的政府签署），旨在允许红十字会的医疗队能够以中立者的身份，前往战争前线，为所有有所需的人提供医疗护理，无论他们是为何方作战。《日内瓦公约》的签署，足以体现，制定普遍适用的规则，对于塑造国际环境有着不可估量的重要性。在面临战争威胁时，这些规则有助于稳定人心，让人们对可能、不可能发生的事情有预期。与1899年和1907年的《海牙公约》一样，《日内瓦公约》于1906年被重新修订，有35个国家的政府参与了此次谈判。这些公约也证明了，中立是一种力量，强大到足以定义国际环境，倘若没有中立的瑞士，也就没有红十字委员会，中立保障了红十字国际委员会得以贯彻其人道主义宗旨。19世纪末，一些理想主义者提出，一个不存在战争的世界，是有可能存在的。中立甚至推动了此类言论的传播。与理想主义者不同，更务实的国际主义者则设想了一种国际秩序，在这种秩序中，当其他外交和法律手段均无法解决争端时，战争可以作为国家最后的选择。换句话说，到了19世纪末20世纪初，人们越发相信，中立国能够协助维护国际体系，并保护其免受战争的影响。

当然，几乎在上述全部的设想中，宣布中立的"益处"，也嵌于这个国际体系中，后者允许一系列其他类型的战争和国家暴力存在，包括中立国政府扩张自己的工业帝国的行为。因此，中立只是抑制国家间战争惨烈程度的一个比较有效的手段。《日内瓦公约》并不适用于帝国战争或内战，但在实际实践中，红十字会的医务人员也时常奔赴帝国战争和内战的前线，投身医疗工作。出于上述原因，中立并不能使政府免于诉诸暴力，但它确实在使某（些）国家避免与其他国家开战方面发挥了重要作用。

尽管中立的作用主要体现在限制战争和避免战争上，但工业化后的中立国，往往也是19世纪最大的军备供应商（见图7-1）。例如，永久中立国比利时坐拥世界上数一数二先进的冶金和军备工业，并很乐意将其出售给外国买家。英国是享誉世界的海军舰艇供应商，而美国则以其高质量的小型武器制造业而闻名遐迩。此外，德国的克虏伯公司是顶尖的火炮制造商。1914年，克虏伯公司的客户业已涵盖52个国家，并且，它51%的火炮制造厂都不在德国境内。因此，保持世界海域对中立国贸易的开放，也推动了世界范围内军备销售的发展。

图7-1 中立和军备

这幅"一战"时期的德国漫画，揭示了中立和军备供应之间的联系。图中，美国作为"和平天使"，顶着一副安详的外表，却向交战国提供了大量的武器、大炮、炮弹和军需品，以维持战争。在第一次世界大战期间，美国的军火销售商（以及美国整体的经济情况）获利颇丰。

资料来源: Carl O. Peterson, 'Der Amerikanische Friedensen gel' Kriegszeit Kunsderflugblätter. 52,31 August 1915, Library of Congress, LC–USZ62–31829.

于此，19世纪又一个显而易见的悖论展露无遗。一方面，人道主义、对"他人"的关怀和避免战争策略的效用，诸如此类的论述在19世纪方兴未艾，中立推动了它们的发展。大量的中立国、中立的媒体报道大力宣扬这样一种观念："文明"国家应该遵循一套国际规范行事，并尽可能避免战争。当然，在此期间，中立国国民对于战争期间人类所遭受的痛苦，也有了更为深刻的理解。此外，上述的论述也有助于在全球媒体中，划定战争可接受的"界限"。他们调动起一种规范性语言，该语言中蕴含这样一种想法：一个由国际法管理的世界，将使全人类精进不休。而该想法，有助于限制各国政府在战争中的行径，后者不得为所欲为。

然而，另一方面，中立引发的问题也非同小可。维持中立性与西方大国所控制的国际体系，的确使这些大国普遍能够避免与强国爆发战争，但并不妨碍他们运用暴力手段，征服、控制和镇压自己帝国的臣民。国际法仅适用于处在"正式"战争时期的"文明"国家，并没有延伸至他们对其帝国边界的"未开化"社群采取的行动，也尚未延伸至他们在自己国家或帝国内的治安行动。毕竟，国际法只适用于被正式承认的国家、"文明国家大家庭"成员国之间的关系，而不适用于政府及其代表在国家内部的行为，或与他们认为的"未开化"社群的关系。

因此，正如历史学家乔安娜·伯克（Joanna Bourke）强有力的警示，整个19世纪期间，越来越多有关"野蛮"的概念充盈了"文明人的房子"。当然，这并不意味着这些帝国的公民否认帝国战争也是暴力的一种。相反，他们中的一些人，也猛烈地批判了战争，并就其应有的限度展开辩论。但是总的来说，当时的人仍会将此类冲突视作"内部战争"，与国家间的冲突区分开来。他们倾向于严格区分这两种"内部战争"：内战或革命战争（团体或社区相互之间，或在一个公认的国家内进行的战争，以推翻其领导人，并实现对该国家的控制）；帝国战争（旨在获得或巩固一个国家对一个地区或社区控制权的战争，或警察行动）。

无论是帝国战争，还是革命战争，"内部战争"一般都被认为是不太可控的，因为对参与者来说，无论是什么性质的战争，都是一场豪赌。在一个社区、地区或国家中，由谁来统治，由谁来界定什么可以发生，什么不可以发生，这些现象本身就都牵涉到利害关系。在"内部战争"中，虽然"不成功便成仁"的意识形态（"如果我们没有达成目标，那么敌人便会把他们的生存方式强加于我们"）并非一以贯之，但也屡见不鲜。因此，在"内部战争"中，暴力往往是至高无上的。由于其中错综交叉的利害关系，很少有人会期望交战方能够限制其暴力行径，无论他们是否是"文明帝国"的一员。从帝国政府的角度来看，国际法的规则不太适用于"内部战争"，因为交战方至少有一方并非一个被正式承认的国家，也没有正式的下属武装力量。

一般来说，"正式"战争、"非正式"的战争，以及国家暴力，这三者相去甚远。但在现实中，由于所有的战争（无论它是如何开始的）都具有不可预测性与破坏性，因而19世纪的"正式""非正式"战争之间时常彼此交融。由于战争的主体为国家，因而所有的战争都有可能影响到国际外交和经济体系的运作（或受其影响）。此外，国家暴力，无论以何种形式发生，都会影响人们对各个行为主体及其产生原因的看法。这些看法又影响了人们的反应行为，时常造成令人瞠目结舌的短期或长期的结果。因此，在各类战争的演变过程中，全球媒体能够，而且经常发挥决定性的作用。

以下这两场发生在19世纪的内战，均可以作为战争易变性的例子：太平天国运动（1851—1864年）和美国内战

（1861—1865年）。太平天国运动是19世纪众多战争中，死伤最为惨重的战争之一。其领导人洪秀全，创立了拜上帝会，企图推翻清朝的统治。在这场战争中，清朝政府借助于西方列强提供的军事和技术援助，最终取得了胜利。这场战争也显露了一个事实：清朝政府统治下的中国并不像想象中那般具有凝聚力，清朝政府甚至鼓励其他帝国向其索取贸易特许权。

美国内战的爆发，则是源于美国政府无力执行联邦法律。当时，联邦政府正宣扬废除奴隶制，而南方却有七个州意图扩张奴隶制。这些州宣布脱离联邦，并向"北方"宣战。刀枪无情，冲突期间约有100多万人丧生（约占美国人口的3%）。然而，尽管它各方面都符合"内战"的条件，这场冲突却迅速发展为一个具有国际意义的国家间事件。由于美国在全球经济中举足轻重的地位，再加上交战双方都从中立国寻求武器、军舰和其他物资，因而在此次冲突中，战争法和中立法同样适用。这不仅致使美国交战双方与各中立国政府进行了旷日持久的（有时分外激烈）谈判，还对全球经济产生了不可小觑的影响。首先，美国南部各州的棉花供应不足，因而印度、埃及和太平洋上的各地纷纷建立起新的种植园。战争期间，这些种植园蓬勃发展。然而，战争结束后，美国棉花的供应链逐渐恢复，其中一些新兴的种植园陷入了严重的经济困难，引发工人骚动，工人的反抗情绪也随之加剧。

即使是普法战争（1870—1871年）、美西战争（1898年）和日俄战争（1904—1905年），这些在当时被明确定义为国家间战争的战争，也演变成了某种意义上的"内部战争"。例如，普法战争中，其军事暴力的程度，使许多目击者大惊失色，尤其是法国游击队员（平民游击队员）对抗入侵的德国军队时。德军在对待这些不符合"正式"士兵定义的平民士兵时，相对不受约束，因而格外暴力。德国围攻巴黎，致使巴黎人起义反对自己的政府，另一场革命随即爆发，震撼了法国。拿破仑三世被迫退位，法兰西共和国成立。因而，在普法战争期间，诞生了两个新的民族国家——德国和法国。新生的法兰西共和国动荡持续不断，因此，1871年普法战争后，法国迫切希望，不被卷入任何其他的欧洲战争。

美西战争和日俄战争中，则各有两个大国相互对峙，以夺取对于关键势力范围的控制权。其中，美西战争很快以西班牙失败告终。然而，在菲律宾、波多黎各和古巴，当地人民纷纷奋起抵抗美国这个新的帝国统治者，美军只得对其进行镇压。此外，在朝鲜、中国东北和部分其他地区，日本的渗入，也引发了当地人民大规模、持续的反抗，坚决不屈从于日本的权威。与此同时，1904—1905年，俄国于东亚与日本交战，激发了俄国革命，后获称第一次俄国革命（第二次和第三次俄国革命发生在1917年）。这次革命过后，沙皇批准推动了政治改革，并结束了与日本的战争，同时，他还使用武装部队镇压其臣民。基于以上原因，他侥幸保住了统治权。

在整个漫长的19世纪中，最常见的国家暴力形式，并非"正式"的国家间战争或内战，而是帝国为了获取领土和资源，或镇压其"臣民"动乱和反抗而进行的帝国战争。但是并没有任何正式的法则，对政府执行其"法律和秩序"，或在其主权领土上维持治安的行为进行规范。因而，帝国战争中的官员，便利用机会主义、种族偏见和统治权等说辞，为他们的暴力行径进行辩护，其中甚至包括种族灭绝的行为。

要想对19世纪帝国战争进行贴切的描述，便要承认人类的极端暴力倾向。所有的帝国都未能免于反帝国主义的抵抗，继而其政府很少在镇压反帝国主义运动时有所收敛。所有的帝国政府，都是这种暴力形式的典型代表。例如，我们不妨回顾一下，英国是如何镇压重大叛乱事件的。19世纪60年代，新西兰北岛的一些毛利人部落不满于英国政府夺取其土地，奋起抵抗，因而后者遣派了18 000名军人前往镇压。新西兰战争旷日持久，持续了数年，其中血腥惨烈的战斗数不胜数（毛利人赢得了其中许多场）。1857年印度爆发的起义与之大同小异，英国将称为印度兵变，印度则称之为"第一次印度独立战争"，此次起义直到1859年才被英国殖民当局完全镇压。它始于加尔各答（Kolkata）郊区的达姆（Dum–Dum）兵工厂，但最终，英国的军事及镇压行动蔓延至整个印度，数十万印度人死于英国军队之手，或惨遭酷刑。此次兵变标志了莫卧儿帝国的消亡，即便如此，民众也从未放弃抵抗英国的殖民统治。

在其日常管理过程中，帝国还会使用一系列其他形式的国家暴力。例如，从1788年开始，英国大肆扩张对澳大利亚的殖民统治，在此期间，白人定居者精心策划了数不胜数的谋杀和屠杀事件，该大陆原住民惨遭其屠戮。这种行为一直持续至20世纪，这也解释了为什么澳大利亚原住民人口从1788年的75万，骤减到1911年的3.1万。此外，针对非洲，英国的殖民者则多次采用"撒手锏"战术，以镇压非洲各个社群的反抗行动。他们还蓄意挑起各社群、各酋长之间早已埋下的敌意，以达到英国的殖民目的。倘若策划得当，英国即可采用分而治之的策略，将其各个击破。在这个例子中，至关重要的是要认识到，帝国的建立并不仅仅依赖于暴力。此外，当地的组织也采取了一系列出乎意料的方式，以适应或拒绝帝国的权力和文化、全球基础设施以及全球资本主义的渗透。

"臣民"们在进行所有活动时，都洞若观火，十分清楚他们在为何作战：他们自身的未来、他们的文化，乃至他们本身，其自主权和控制权均危在旦夕。正如1851年开普殖民地爆发的反殖民活动中，科萨（Xhosa）酋长桑迪利（Sandili）所述："上帝用海划清了边界，你们白人却越过它来掠夺我们的国家……就算你们杀了我，我的子孙仍会浴血奋战，我子孙的子孙也仍会浴血奋战。我们将站起来，与白人抗战到底。"《伊丽莎白港电讯报》（*Port Elizabeth Telegraph*）对此做出回应，"一场生死攸关的战争，业已在开普殖民地拉开帷幕"。但英国人在镇压科萨人的反抗起义时，仍毫无节制。

英国人对其"臣民"使用暴力，也不足为奇：其暴力程度不亚于当时任何其他的工业帝国，例如荷兰、比利时、法国、德国、美国、俄国和日本所建立的帝国。19世纪，美国的有形帝国已然扩展到整个北美大陆，并通常是借助战争的手段，或是与原住民签订不平等条约、协议。法国在平息阿尔及利亚、塔希提岛、美拉尼西亚、马达加斯加、摩洛哥、毛里塔尼亚、尼日尔和印度支那的殖民反抗时，也几乎毫无节制。正如罗伯特·奥尔德里奇（Robert Aldrich）所述，

19世纪法国为建立起帝国版图，付出了巨大的人力代价，却从未大获全胜。当地原住民发起的反对法国帝国主义的军事行动，"有凝聚力、有组织，且目标明确"。因此，尽管法国成功镇压了最早的反抗活动，但长期以来，当地的反殖民主义政治运动接连不断。与此同时，俄国也在其帝国动荡的边境地区进行了几波大屠杀和种族清洗活动，比如，1859—1864年，俄国"平定"了高加索地区的45万至100万伊斯兰教徒；又于1860年平定了4万车臣人；19世纪80年代，俄国还向其帝国内东欧地区的犹太人发动了200多次袭击。

19世纪，荷兰也借助暴力手段，扩大了对印度尼西亚群岛的影响和控制。1870年后，亚齐省（Aceh）反抗荷兰殖民的战争时断时续，延续了几十年，致使7700名荷兰士兵，以及3万至10万亚齐人不幸殒命。同时，在比利时国王利奥波德二世的独裁统治下，刚果的暴力环境日益严峻，当地原住民被迫在种植园、矿场和工厂等恶劣的环境中劳作。任何反抗都会被残酷镇压，其手段令人毛骨悚然。掌控非洲西南部的德国殖民当局，亦是如此行径——1904年，当地的赫雷罗人和纳马人揭竿而起，反抗1885年《达马拉兰条约》（*Damaraland Treaty*）——该条约保障了德国的主要权利——的渗透，德国人在平息其叛乱时也残暴不仁、毫无保留。他们发动了种族灭绝，多达80%的赫雷罗人和50%的纳马人惨遭屠戮。

上述事件，很难不被世界所关注。众多报纸都对这些事件进行了报道，引起一时轰动。19世纪90年代的报纸革命后，与日俱增的媒体报道，对此类暴力进行谴责、批评，并传遍世界。换而言之，尽管工业帝国主义准许，并促成了不胜枚举的国家暴力行径，但并不是每一个帝国成员，都赞可或支持此类活动。印刷技术、摄影和电影（移动的影像）呈指数级发展，促进了暴行证据的可视化，暴行也因而更加备受瞩目。但直到20世纪初，民众才开始极力反对，在工业城市内部使用极端暴力的行径，即使对此类暴力行径的限制并不在国家间战争条款，或国际法的范畴内。不过，虽然民众的批判偶有建树（例如，1908年，利奥波德二世被剥夺了对刚果的统治权），但总的来说，暴力永无止境。其原因显而易见：大多数帝国的统治精英都坚信，对于任何反抗行为都必须尽可能地严厉镇压，否则事态便会蔓延。如果通过诱导和劝说，都无法改变人民的想法，转而接受自己的统治，那么施加暴力就是不二法门。

镇压政治反抗，是所有19世纪国家的一个明显特征。多民族的俄国、奥地利和奥斯曼帝国，以土地为统治基础，数个世纪以来也都运用了这种手段，以巩固其统治。历史学家多米尼克·利文（Dominic Lieven）论述道，19世纪奥匈帝国或奥斯曼帝国所面临的挑战，与英国、德国或法国别无二致。二者都有臣民需要管理。而陆地帝国和"蓝水帝国"的不同之处就在于，针对前者的反帝国主义抵抗，有时甚至会在其中心地带进行。例如，当时，巴尔干人对奥斯曼帝国的权威，也可说是哈布斯堡王朝的权威，发起挑战，并严重破坏了统治精英的统治。

19世纪，"蓝水帝国"内部暴力现象普遍存在，且接连不断，这些帝国的内在弱点可见一斑。这无疑提醒了帝国政府，他们不能将自己的权力或"统治权"视为理所当然。地方、帝国和全球武装力量的变更，以及谈判和社会运动的变幻莫测，使帝国的实力也时刻处在变化当中。此外，全球化不仅加速了许多工业帝国的发展，也使拥有共同敌人（无论是特定的帝国，抑或是整个"白人世界"）的个体或群体，得以勠力同心，协调一致，共同抵抗其敌人。1914年之前的大部分时间里，圣雄甘地，举世闻名的印度民族主义者和反帝人士，都在印度洋地区旅行，倡导殖民帝国给予其臣民更大的权利。他编撰了一份杂志，名为《印度舆论》（*Indian Opinion*），旨在扩大印度人在帝国内部的权利。该杂志以四种语言出版，其读者遍及非洲南部、印度和中东地区。此外，非裔美国人领袖W.E.B.杜波依斯（W. E. B. DuBois），也致力于在世界各地倡导非洲团结，提倡各方加入泛非大会

（Pan-African Congress）和反帝国主义活动。上述反帝国主义活动，以及其他许多类似的活动，都揭示了一个事实：全球化不只为强国所用。全球化的网络和结构，也赋予了反抗者一定的手段，并最终在20世纪终结了英欧世界的海外帝国。

第 8 章

当地方遭遇全球：世界范围内的思想与政治

曾有这样一句俗语：一切政治都是地方的政治。然而在19世纪的历史进程中，地方却越发受到全球的发展、事件与思想的影响。19世纪的工业全球化为全球各社群带来了极大的变化，这也无怪于各种不同的政治观点，能在这个世纪传播到世界各地并得到广泛应用。这些思想涵盖了诸多概念，如权利、特权、认同者与社会地位等。其中一些思想有助于个体在社会中（或在社会之"外"）自我锚定，并且出于改善或保护现状的目的，谋求维护或改变既有的社会形态。另一些思想则专注于国际环境本身，以人道主义、"文明"或"进步"为名，为那些能惠及所有人的改良措施提供支持。全球化还鼓励和启迪人们，去承担进行各个层次的政治活动的责任，并为其营造合适的环境。

　　正如克里斯托弗·贝利在《现代世界的诞生》中所述，19世纪的全球化进程使社会生活变得更为均一，而与此相伴的则是殊异感的加重。人们开始将其社会存在组织成更为均一的形式（例如，国家运行的方式、法律的创设与运用，乃至人们的衣着或言语），更为清楚地意识到自己与"他者"之间的差异，并且将这些差异视为基础与本质。全球化也带来了机遇，"人的境况"由此被视作具有普适性的共有体验；人们根据感受到的、彼此之间的差异划分出不同的社群，其中一项标准则是现代化的程度。值得一提的是，在这一时期，一旦某种思想为人类所接受并付诸实践，人们就永远坚信它的情况，几乎是不可能发生的。尽管如此，19世纪仍是一个伟大的时代，各种观点、理想与运动彼此竞争，既为全球化浪潮所塑造，又会转而反哺其发展。

历史学家于尔根·奥斯特哈默曾说过，要概括某一时刻诸多个体与社群所采用的社会与政治观念，是一件极端困难的事。然而，许多19世纪的知识分子进行过这样的尝试，而思想的历史也正是撰写自这一层面的文献记录。在先前章节中我们所讨论的所有力量——工业化、资本主义、全球化、战争、革命、日常生活的现实以及环境破坏——都塑造着这一时代的知识分子和政治活跃人士所处的环境。其中许多人认为，国际环境对地方、区域和个人认同乃至政治都有着至关重要的影响力。当然，19世纪的许多个体与社群被充分调动起来拥护一些特定思想以影响变革，而全球通信的发展与国际媒体环境的形成，同样为这些思想走向全球提供了助力。

举例而言，诞生于19世纪的民族主义概念，在很大程度上是对社会现代化、新兴国家的诞生以及它们之间越发紧密的联系的回应。民族主义的核心在于其给出了一种可供参考的框架，将文化或族群背景相同的陌生人以共同的理由（即"民族"）联系在一起，同时建立这些陌生人与"他者"之间的差异——即那些从属于不同文化、不同族群或不同民族的人。民族主义可以成为推动变化的强大力量，促进社会变革；也可以用于保卫既有的果实，例如，在战时动员民众保卫国家或帝国。19世纪的民族主义一方面将诸多既有的社群合并成新的国家（例如德意志和意大利的统一），另一方面则动摇了其他既有国家的统治合法性（例如奥斯曼和奥地利两大多民族帝国）。民族主义使各国开始行动，加强了地方的认同，也协助确立了国际环境。而民族主义在不同的人手中也有着不同的功用：在某些人手中，它是一种政治思想武器，能激励某一地方社群反抗帝国、谋求独立；在另一些人手中，它是一种将民众称作"公民"的话术，能动员他们去反抗传统的贵族与君主统治。相对的是，德意志民族主义，作为1848年革命的产物，为保守派的普鲁士霍亨索伦（Prussian Hohenzollerns）君主所利用，成为缓和阶级斗争、应对地方主义、加强社会与政治凝聚力以谋求德意志统一的意识形态。民族主义还是一种高度个人化的概念，因涉及的个体或社群不同而有着不同的阐释。地方与全球的环境会对绝大多数政治概念的接受、采纳与修正起到一定的影响。

19世纪的另一大重要概念则是"文明"。取决于当时所询问的对象，在工业化的19世纪，"文明"很大程度上等同于社会现代化的能力：认可变革和创新是"好的"，并接受和采纳它；寻找根据统一的规则优化国家与社会架构的方法；以国民经济代理者的身份积极参与国家间的竞争。全世界大部分的知识分子都会将"文明"与"启蒙"视作现代化的标志。他们的诸多论述都在期待这样的未来：变革、进步、适应工业化与资本主义在生活中至关重要。他们的分歧只是在于，如何利用思想使不同的群体、国家、社会乃至全世界的实力更加强盛，政治更加昌明。虽然许多传统的历史书会称这段时间为"西方的崛起"，但英欧人对启蒙思想及其诸多应用并未加以垄断或限制。但正如本书所述，随着英欧人的工业帝国在19世纪不断扩张，并且逐渐支配了国际体系，他们对"文明"和"启蒙"的理解也主导着外交、经济和法律的国际规范。

在世界各国对"文明"与"启蒙"的诸多讨论中，孕育出了一个至关重要的政治概念："政治权利"，或者说个体应当拥有决定自己被怎样的政府所管理的权利。这种概念来源于1815年之前的时代。举例而言，美国独立战争爆发于1775年，独立军宣称既然各殖民地在英国议会体系中没有相应的代表，那么英王就无权为北美十三个殖民地制定法律或征收税赋。"无代表不纳税"的口号，以及1789年法国大革命追求"自由、平等、博爱"的呼声，在此后的革命年代回荡于世界各国的上空。迁徙自由、言论自由、宗教自由、法律面前人人平等以及维护公众利益等主张，纷纷出现。为了捍卫这些所谓的政治权利，在此后的数十年间爆发了诸多反君主制、反帝国主义的革命。这些革命遭到传统精英阶层和诸多宗教势力的竭力抵抗，他们畏惧：民众获得了这些权利之后，自己的权力与势力就会岌岌可危。

在19世纪，针对"权利"或"特权"的诸多阐释引发了冲突，而在冲突之中则潜藏着地方、国家、帝国乃至世界层面的矛盾。既然有许多思想致力于维护既有体系（无论是欧洲统治阶级的行为模式，或是那些面临着被工业帝国所吞并的"被统治民族"的习俗），那就有同样多的思想致力于动摇、反抗并重构它。人们对政治权利的诉求各不相同：有人期望获得公民权；有人期望获得投票权或建立议会政治制度；有人期望获得更大的自治权利或彻底从帝国中脱离；有人期望实现司法平等；有人期望改变既有法律、通过社会福利政策或推行新的宪法；有人则期望彻底推翻既有的政治体系。其中某些期望反映了全球化的本质与承诺，以及人道主义的普适性；另一些则极端专注于工业化所可能导致的变化。

举例而言，在1815年的维也纳会议上，欧洲的土地贵族阶级建立了（欧洲）"同盟体系"，不妨对这一体系的诸多核心原则加以审视。维也纳会议致力于维护各国君主的权利与特权；法国大革命的拥护者要求的公民权、代议政治以及司法平等则遭到拒斥。在此后的100年间，维护欧洲传统精英阶层（即贵族）利益的思想，演变成了保守主义或贸易保护主义（即维护"旧日"的统治）的政治原则。19世纪的政治保守主义者企图维护贵族的特权，包括其统治国家、拥有土地、创立法律以及决定国家外交、经济与军事政策的权利。

19世纪的保守主义者也面临着诸多挑战：他们在经济上必须适应新兴的工业资本主义制度（其中的富人则从中攫取了巨额利润），还要应对那些中产阶级的工业主义者（即资产阶级）分享政治权力的诉求。许多保守主义者同时也是反动的，会在必要情况下镇压政治异议者；但他们也能适应社会形势，在1848年革命的余波中，其中一些人转而将保守主义原则装点成维系稳定的可靠支柱，以此迎合普罗大众的需求。因此，许多君主将自身打扮成国家或帝国与人民的重要象征。由此，保守主义经受住了工业革命的考验，而贵族专制统治则被其淘汰。

在工业时代，各国贵族阶级的"统治权利"的基础都遭受着挑战，这里指的不只是那些受到外来帝国统治、被迫接受其文化与法律的社群。举例来说，明治维新（Meiji Restoration）之后的日本，社会发生了重大转变：工业化、城市化、明治政府的官僚化以及民族国家军队的建立，等等；在这些改变之下，贵族武士阶级濒临消亡。1877年，武士阶级的领导者西乡隆盛（Saigo Takamori）发起大规模叛乱，旨在抹除这些变革，恢复武士阶层旧有的权利与特权，并避免武士家族陷入经济困境。在数年的战争之后，日本军队（由应征的日本国民组成，组织、训练与装备仿效德国陆军）挫败了最后一批仍在抵抗的武士。1877年之后，地位崇高的武士阶层就从日本社会中消失了，明治政府仿照英国的贵族体系，在其原位上建立了新的保守精英阶层以管理日本。

19世纪的保守主义者致力于维护既有秩序，而自由主义者则致力于推动变革。自由主义是工业时代的核心意识形态，同时也是1848年前绝大多数工业大城市中政治改革的主导思想。从本质上说，自由主义的观点是反君主专制、反贵族统治的，旨在推翻土地贵族的政治与经济架构，并代之以资本主义的基本原则：自由贸易、市场经济、私有企业以及保护个体权利。

对自由主义者而言，国家存在的目的就是为了保护个体免遭不公对待。从他们的角度来看，国家应当平等地对待全体公民，立法保障个人的各项权利。自由主义者要求，国家的政治决策机关应该向更多人开放，尤其是那些拥有一定经济实力的人（主要是有足够资本的中产阶级）。为了保护全体公民一致平等（但不一定是全体国民）的原则，自由主义者谋求订立宪法，并创设各级议会；议会将由一定数量的自由而平等的成员组成，用以保卫宪法。在19世纪，自由主义是一种极为强大的政治概念，它引发了无数的反帝国主义起义与革命，为工业化进程中的各大帝国带来了诸多政治领域的变革。

贸易自由主义的各项原则同时还推动了世界范围内的工业资本主义进程。自由贸易的支持者反对限制性的经济政策，谋求实现货物与资本在全球范围内的自由流通（当然，在一定程度上也包括人和思想）。虽然19世纪早期的许多自由主义者，会声称自己反对帝国主义（实际上，他们反对的是旧式的贵族帝国，诸如罗曼诺夫王朝统治下的俄国、清帝国、哈布斯堡王朝统治下的奥匈帝国与奥斯曼帝国），但他们认可"蓝水学说"，对帝国主义的发展也乐见其成。自由主义者同时也是国际法与国际条约最坚定的支持者，他们致力于以此维系国内与国际的经济政治关系的稳定。在19世纪演化而成的自由主义国际秩序，实际上是有利于工业化帝国的财富与国力增长的。

随着自由主义在许多工业化国家的政坛占据主流地位，在执政愿景和具体应用层面，它也不出预料地沾染上了浓重的保守主义色彩。这些新的既得利益者开始防备和反对其他人的诉求。绝大多数的自由主义者并非真正的民主主义者，甚至在他们认为自己的政策能惠及全体民众时，他们有意将那些没有足够资产、无权分享政治权力的人排除在外。在许多国家，当自由主义者创立新的宪法、构建代议体制时，投票权几乎总是限于富人；绝大多数的小资产阶级、全体工人阶级、全体女性，以及其他不具有"公民身份"的国民都被剥夺了投票的权利。国家（或帝国）中占绝大多数的成年人口没有投票权，这引发了政治骚动。这些无投票权者质问，为什么他们在权力机关中没有自己的代表？为什么投票权仅限于富人、男性、帝国内的白人公民？在19世纪，民主（在政治上代表全体公民）这一概念，在各大都市、各大帝国乃至全世界，掀起了众多的政治活动与抵抗运动。

在19世纪，许多政治运动的核心思想是自由主义政治理想与民主诉求的糅合，其中相当一部分则直接对工业资本主义的国际体系构成了挑战。正如在第2章中所述，在19世纪早期，本土居民对政治权利与独立的诉求，既来自"自由、平等、博爱"的革命性纲领，也与本土的传统风俗与认同不无关系。随着帝国的扩张，精英阶层不仅要处理层出不穷的抵抗运动，还要应对本土社群与族群对政治权利日益增长的诉求。许多族群以身份政治为思想框架，在地方、议会、国家、帝国与国际层面自我组织，并利用其拥有的国际通信网络广泛地传播思想。在19世纪末的几十年里，在绝大多数拥有议会体系的国家中，拥有制定政策的平台的政党也会互相争夺选民；20世纪的大众政党政治也正是发源于此。

　　19世纪的身份政治在众多抽象层面上运行，其中最为重要的则是社会经济状况。举例来说，卡尔·马克思与弗里德里希·恩格斯在《共产党宣言》中表示，此前一切社会的历史都是为阶级斗争所驱动的，工业资本主义的影响起到了决定性作用。人类可以分为三大阶级，每一个都在工业资本主义的世界中有着各自的功能与集体认同：上层的精英阶级（土地贵族）业已消失，中层的资产阶级（拥有新形式的经济力量，掌握资本或工业的"生产资料"）正稳定地接收着他们的财富与权力，此外还有底层的工人阶级（又可以分为农业工人与产业工人）。马克思与恩格斯认为，鉴于各阶级之间的关系以及全球工业资本主义的内在架构，产业工人或无产阶级（承担了全部工作，在绝大多数发达工业经济体中占绝大多数）会无可避免地发动革命推翻资产阶级（攫取了全部利润），正如资产阶级自身通过革命推翻了土地贵族一样。马克思与恩格斯的追随者相信，后资本主义的社会将会用一套迥异的经济结构替代资本主义，生产资料与产品将会归集体所有，并被公平地共享。19世纪的马克思主义者为工人的利益大声疾呼，并且反对那些被自由主义、资本主义和"蓝水帝国主义"视作支柱的原则。他们是国际主义者，认为只有当"全世界工人团结起来"时，全球的资本主义才能被推翻。

正如其他形式的社会主义（一种认为政府应当满足国民的基本需求的学说）一样，马克思主义作为一种政治思想，在1848年革命之后开始蓬勃发展。但在19世纪还有其他类型的社会主义者，他们的共通之处在于，都相信政府有义务补偿工业化对社会造成的损害，并营造一个更为公平的社会。社会主义的诸多主张毫不意外地获得了产业工人的支持，尤其是那些在大城市工作的人，他们对工业时代极为恶劣的生活条件有着最直观的感受。许多工人自发形成了政治性组织，包括工会与政党，借以宣传自己的思想、呼吁变革以及在遭遇经济或政治困境时互相帮助。在当时，其中最具成效的政治运动建立在社会民主主义纲领的基础上。社会民主主义主要致力于改善工人与穷困者的生活条件、推动建立社会福利体系、废除童工和奴隶制，以及建立向普罗大众开放的社会卫生机构和世俗化的教育体系。

19世纪的社会主义者常常也是民主主义者，致力于赋予全体男性投票权，某些更先进者则想要将投票权同样赋予全体女性；更有甚者，一些社会主义者反对精英阶层的统治者所人为划定的"公民"（统治者）与"国民"（被统治者）的区别，要求赋予普选权。而更为激进的社会主义者，如马克思主义者，则意图创造一个完全不同的未来，他们要彻底推翻工业-帝国主义-资本主义的国际体系，建立一个属于全世界工人阶级的理想世界。比这些人更为激进的则是无政府主义者，他们谋求推翻既有的一切政府。他们的纲领正如K.史蒂芬·文森特（K.Steven Vincent）所述："有着充分的理性能力或强大的道德情操的人，无须人造的、非自然的、压迫性的机构，如国家，就能共同组成社会。"无政府主义者致力于创造与自然相似的人类社会组织，以群体的团结和构筑社群的驱动力为基础，无须依赖强制性的权力结构和一心剥削民众的高高在上的精英阶层。其中最极端的一部分人甚至认为，为了解放人类，必须消灭权力结构的最上层。他们于是开始了暗杀行动，杀死了数百名贵族、重要的政府官员，甚至在1881年暗杀了俄国沙皇亚历山大二世。

保守主义者、自由主义者与社会主义者有一项共通之处：他们都渴望通过影响社会运转方式和价值判断来影响社会的政治形势。由于官僚主义日益加重，国家和政府的统治对公民和国民（见第4章）的日常生活的影响越发深刻，19世纪末的数十年间发生了诸多变化，政治开始向专业化的方向演变。在有着议会体制的国家中，选举权的普及使奉行不同政策的各政党开始动员各自的支持者，试图以此获得更多必需的公众关注。例如，保守主义者形成了多个政治团体，分别以维护传统的宗教习俗、社会架构或经济体系（例如农业合作社）为宗旨。自由主义者则聚集成不同的党派，支持不同的自由主义政策，如自由贸易或国际法，目的则是促进国际社会的繁荣与和平。而自由主义者与保守主义者又都畏惧工人阶级提出政治诉求，以及公会与罢工的力量，他们害怕更为激进的社会主义者的革命性活动。因此，政治对立开始影响绝大多数民族国家和所有帝国的政治形势。

政治组织的专业化同样是19世纪末数十年的一大重要标志。这些政治组织涉及的范围同样覆盖了各类的社群以及政治观点。举例而言，在各工业化国家之中形成了许多妇女组织，它们力求动员女性以改变关键议题背后的社会经济状况。其中一些组织起初只关注单一的议题，例如基督教女性戒酒联盟（Women's Christian Temperance Union，WCTU），一个成立于俄亥俄州的、由中产阶级和贵族阶级女性组成的组织，原本的宗旨是根除酗酒和其他世俗的"原罪"。该联盟的分支很快就遍布世界各地，其政治诉求也进行了扩展，纳入了许多与全世界女性相关的其他议题，如女性政治权利的缺失、高效社会福利政策的引进、儿童的宗教教育，并且开始支持诸多关键性的国际问题，如避免战争或完善国际仲裁制度等。同样发出响亮声音的还有坚定的妇女参政论者，这些人支持赋予女性以投票权。其中许多人与其他国家观点与之相似的妇女组织都有所联系，以此推动这一共同目标的达成。然而其他组织，例如国际妇女委员会（International Council of Women，ICW）及其在许多国家或帝国的分支，则更注重建立跨国家的讨论平台，以供女性讨论一些人们共同关注的议题。到1900年，国际妇女委员会的会员已经遍布全球，一些成员甚至来自印度、日本、中东与拉丁美洲。

相似的是，许多本土或殖民地社群同样形成了各种政治化的组织，旨在争取政治权利或强化认同感。举例而言，W.E.B.杜波依斯的泛非大会谋求实现从其所在的美国到非洲大陆的全体黑人的大联合。原住民权利保护协会（Aborigines' Rights Protection Society）在1897年于加纳（Ghana）成立，其目标则是终结欧洲殖民者和企业对非洲土地的滥用。在中欧与东欧的泛斯拉夫主义运动，则寻求团结各斯拉夫民族、建立斯拉夫文化认同，在帝国内部获得政治代表权以及建立新的民族国家。在1897年，西奥多·赫茨尔（Theodor Hertzl）确立了犹太复国主义（Zionism）的基本纲领：在巴勒斯坦为犹太人建立永久性的民族国家。犹太复国主义者同样遍布全球，并且像其他组织一样，致力于通过长期的信息流通与宣传，影响全球舆论氛围。

　　而在几乎所有案例中，上述的这些政治组织都在某种程度上，受到了这一时期另一项关键标志的影响，即民族主义。"民族"这一概念指代的是有着独特种族或文化背景的人的集合，在那时（以及现在）能极好地鼓动民众的政治意识。同时，民族主义还是一种多维度的思想，可以轻易地添加上各种类型的政治与宗教概念。到1900年为止，绝大多数帝国的保守主义精英阶层都为各自的帝国披上了民族主义的外衣：国民以"上帝、国王与国家"的名义保卫帝国。对他们而言，自由主义同样可以有浓重的爱国色彩，但它对民族、公民权和国民义务的定义更为世俗化、法律化（尽管如此，他们在实践中还是依靠种族、宗教、性别或经济背景，剥夺了许多"他者"的完整公民权）。族群民族主义者反而更为注重社群之间存在着的种族、语言和宗教差异。他们声称，每一个不同的族群都应当拥有依照自身情况实行自治的权利。

　　民族主义是一种相当有用的概念，它能以公民这一身份为媒介，在个体与国家之间建立联系。倘若说国家因其公民而存在（与臣民相对），那么国家的公民权就同时包含着权利与义务。投票权（在国家内有发言权），即决定国策的权利，与所谓的公民政治权利的联系越发紧密。因此，由民族主义还可以推出如下论断：公民有保卫国家、参军入伍和缴纳税赋的义务。就这一方面而言，公民权将诸多社会经济背景不同的个人，塞进了一个"想象的共同体"之中，即民族之中。民族主义也补偿了工业化对社会造成的一些不利影响，例如城市化、旧有的集体忠诚的崩塌，并且为精英阶层提供了动员普罗大众的强力武器。

但民族主义也是一种有着消极作用的意识形态，它孤立了"他者"，并为了保护某些公民的权力与特权而损害不具备公民身份的国民或臣民。"他者化"（othering）是否认国家或帝国内部某些群体政治权利的利器。许多工业国家在为扩张寻找托词时，都会借口宣称，因为当地人不够"文明"无法自我统治，或是他们不具备获得完整公民权所必需的能力，因此自己才有管理这些"被统治者"的权利。也是因为类似的借口，妇女没有投票权，无法行使完整的政治与经济权利，因为她们被认为在生理上无法服兵役，或者无法在公务或经济上起到完全的作用（而男性就可以）。而关键则是，这些父权制的、种族歧视的谬论充斥在19世纪的世界里，并且塑造了其基本框架，但与此同时，一系列与之对立的叙事也在不断涌现。政治对立出现在许多层面上：无投票权者对"自治"或投票权的诉求，传统文化或遗产的保护，以及彻底改变国家、帝国乃至国际体系本身的雄心。

在一系列身份议题上的政治激进化，则要归结于扩展到全球的通信网络（它使个体能找到与自己观点相近的人并互相沟通）、识字率的上升以及出版业的发展。19世纪的全球化时代，同样使得人们意识到，在"国际"这个空间内，人员、思想、资本与认同可以更为便捷地互动。因此，在这个世纪中，国际环境这一概念本身进行着重构，也是不足为奇的事。许多群体不仅将其身份政治传播到国家边界之外，还组织各种国际会议、涉足国际传媒，乃至带来了众多全新的思想。它们专注于改善"国际"本身，进而使与自己相似的人、有时甚至是所有人从中受益。

在19世纪，国际主义是一个奇怪的术语，它所描述的是众多以重塑或影响国际环境为宗旨的政治运动。与民族主义相似，国际主义涵盖广泛，有着诸多应用。所谓的国际主义者周游于各国，但他们常常将自己的地方性利益（可能是对权利或认同的诉求或保护，可能是对遭受的迫害的反抗）与更为宽广的国际性愿景相挂钩。共同的认同、共同的机遇或苦难是许多国际主义者努力的驱动力。而鉴于世界的互联性，绝大多数的国际主义者能理解影响全球公众舆论的重要性，以此他们才能推广自己的思想，并带来真正有意义的变革。他们利用媒体渠道和其他国际性平台，在影响掌权者的同时，争取让更多的听众能接受自己的思想。

在身份认同与思想领域，19世纪某些最为成功的全球性运动则是由各大宗教所驱动的。当然，伊斯兰教、犹太教、基督教、印度教和佛教早在1815年之前就成为世界性宗教，然而其中许多却在19世纪的工业全球化时代迎来了复兴。举例来说，基督教传教士在渗透许多太平洋岛国时起到了重大作用，其影响还扩展到了中国与非洲。到1900年为止，有超过10万名欧洲基督教传教士在非洲传教。从这个角度来看，宗教是一种帝国主义的工具，它协助那些西方工业帝国的代理人正当化了他们"文明化"的使命。但在许多反对欧洲工业帝国主义的运动中，宗教理想主义也占据着核心地位。举例而言，伊斯兰教的国际影响力在19世纪迎来上升，其部分原因就是，它能有力地回击基督教帝国的"文明化"教义，尤其是在非洲、印度、南亚与东南亚，那里的许多社群坚定了自己的伊斯兰信仰，以反抗当地殖民地统治者（绝大多数是基督徒）所谓的主权。而在中国，儒家思想则协助维系了这样的思想：中国是能维持自己文明的统一国家，而不是落后封闭的多民族帝国。

而在另一层面，对地方或家族性宗教与文化的保护，也帮助殖民地的民众维护或传播他们的身份认同，许多殖民地由此保留了文化的多元性与多样性。而这些宗教信仰也随着其信仰者的迁移而传播到世界各地。不论人们迁居到何处，他们都会在新家园建起清真寺、教堂、寺庙或是犹太教堂。这些宗教建筑主导了19世纪诸多城市的景观，也将身份认同、社群与特征赋予其所在的地区。国际化的大都市坐落于全球的海洋高速公路旁，它们接纳了上述所有的宗教，成了宗教经典与思想传播和交流的重要场所。到1900年，举例来说，新加坡有数座基督教堂：圣安德鲁圣公会大教堂（St Andrews Anglican Cathedral），建于1861年；亚美尼亚教堂（Armenian Church），建于1835年；道教庙宇天福宫，建于1842年；印度教神庙马里安曼庙（Sri Mariamman），建于1827年；犹太教堂马海阿贝犹太庙（Maghain Aboth），建于1878年；伊斯兰清真寺苏丹回教堂（Masjid Sultan），建于1826年；哈贾·法蒂玛回教堂（Masjid Hajjah Fatimah），建于1846年；此外还有一系列其他宗教场所与神龛（见图8-1）。19世纪的工业全球化时代带来了通信革命，传统思想与文化借此得以传播，人们也得以讨论如何适应现代化、帝国主义与工业资本主义。

图8-1　新加坡的南桥路，约1900年

这张照片拍摄的是1900年前后的新加坡南桥路，相片中可见印度教的马里安曼庙与伊斯兰教的詹美回教堂。像19世纪的许多世界性港口城市一样，新加坡是各种宗教群体与信仰者的家园，这些人的存在赋予了这座城市世界化的特征与认同。

资料来源：Photographic Views of Singapore, G.R. Lambert, 1900, np.

在许多城市里，全世界各种宗教、各种政见、各种社群常常彼此碰撞，由此逐渐发展出了普世人权这一概念：所有人都是平等的，都值得被平等地对待，也因此有着相同的公民权与政治权利。普世主义（认为应当发自内心地平等对待所有人）也影响了19世纪为数众多的国际政治运动。普世主义涵盖了19世纪全部的理想主义观点，由绝大多数世界性宗教的基本假设（人在神祇面前是平等的），到许多世俗自由主义者的观点，即"法律面前人人平等"，再到马克思与恩格斯的概念化观点，即人类理应共享世界的人力与物质资源。

各种形式的普世主义同时还协助推动了人道主义这一概念的诞生：人道主义是指，"他人"是脆弱的，应当保护他们免遭暴力和剥削所害。在20世纪早期，慈善救助网络遍及世界各大国家与帝国，常常会根据报纸或照片的报道，前往世界其他地区救援受战争、饥荒或暴力所害的难民。举例而言，国际红十字会组织（The International Red Cross movement）受1864年的《日内瓦条约》影响而成立，成为一个颇受欢迎的、为各国提供人道主义援助的公益组织。上海国际红十字会（The International Red Cross Society of Shanghai）则成立于日俄战争期间，是一个在战时中立第三方提供援助越发常见的世界大环境下，由中国人自主创立的人道主义组织。为此，上海红十字会从中国东北协调撤离了13万名难民，负责在战争前线附近修建康复中心与战地医院，并通过公开募捐筹集了近12万银圆的善款。这一组织取得的成果相当可观，在冲突升级为帝国间的战争时，它转型成为中国红十字会（Red Cross Society of China），在地区和全球范围内提供援助，包括对1906年旧金山大地震受害者的救援工作。日本红十字会则是1903年前全球最大的国家红十字会组织，具有90万名成员，空前庞大；到1918年为止，其成员人数甚至到达了180万（当时的美国红十字会只有3.1万名成员）。历史学家小西翔（Sho Konishi）认为，早在工业时代开始之前，日本和中国就已经有了普世的人道主义，只是在"第一个工业全球化时代"的环境中，其影响范围才超越了国境。

在19世纪末，在全球各地采取行动以引发政治变化的做法，已经变得司空见惯。实际上，全球化加剧了工业帝国所面对的抵抗的烈度，因为它使抵抗者和抵抗者的思想能更快速、更轻易地传播。举例来说，印度革命者的三大主要团体都与其他国家有着联系。根据历史学家克里斯·曼贾巴拉（Kris Manjapra）的观点，希拉法特（Khilafat）运动、斯瓦德希（Swadeshi）运动与加达尔（Ghadar）运动虽然群众基础不同，但能与彼此以及其他国际性的反帝国主义群体相合作，以实现共同的目标——终结英国对印度的统治。希拉法特运动有着浓重的伊斯兰色彩，因此与其他伊斯兰社群有着很深的联系，力图在全球发动反对帝国主义的斗争，当然也包括非洲。斯瓦德希运动的主要目标，则是推翻英国在1905年实行的孟加拉分治政策。其支持者在国际媒体上鼓动民众支持自己，并在印度全境，以及伦敦、巴黎、纽约、旧金山和东京建立了支持者群体。斯瓦德希派的革命以武力干预为宗旨，并且与爱尔兰、俄罗斯、日本、中国与美国的反帝国主义、无政府主义与社会主义革命者有着一定关联。而加达尔运动则是发源于一批住在加利福尼亚州的旁遮普（Punjabi）移民，他们谋求在印度建立独立的、属于旁遮普人自己的国家，并愿意为此进行武装斗争。他们在南亚乃至全球分发小册子进行宣传，呼吁民众给予支持，举办多场政治会议并且影响了新闻媒体的报道。而重要的是，这三大团体都获得了英国的对手的资金与基础设施方面的支持，日本、奥斯曼帝国和德国政府都从中看到了由底层入手、动摇大英帝国统治的机遇。

当然，在利用国际环境以推进其地方性或民族性的解放事业方面，这些印度革命者也只是效仿了既有的成例，毕竟他们正确地认识到，要想成功击败大英帝国，他们需要其他国家的支援。历史学家本尼迪克特·安德森（Benedict Anderson）在他的巨作《三面旗帜之下：无政府主义与反殖民想象》（*Under Three Flags:Anarchism and the Anti-Colonial Imagination*）中指出，在描述20世纪早期的菲律宾反美独立运动时，必须要考虑该国与其他国家的类似联系。根据安德森的描述，在1898年的美西战争之后，这些革命者致力于推翻美国的帝国主义统治、解放菲律宾。为此，他们串联了美国帝国主义势力圈内（如波多黎各、古巴与多米尼加共和国）以及欧洲的社会主义与无政府主义革命力量；向每一个国际化大城市（如巴黎、香港、伦敦和纽约）派驻代表，宣传自己的独立事业。他们影响了、甚至协调控制了世界各处——包括中国与南部非洲——的民族主义者的活动、起义与政治策略。正如安德森所述，在19世纪末的全球化世界里，"这么大规模的跨国协作……在全球历史上第一次得以实现"。

奉行社会主义的国际主义者同样有着国际性的组织。他们致力于将大量社会主义者、共产主义者与无政府主义者群体组织起来，在国内与国外引发重大变革。所谓的第一国际（First International）于1864年在伦敦成立，但因为领导层在某些重大问题上未能达成一致而解散——马克思和无政府主义者米哈伊尔·巴枯宁（Mikhail Bakunin）的关系一直不好。而在1889年巴黎世博会期间，在一群社会主义者与工会积极分子的会议上，第二国际（Second International）宣告成立。第二国际的成立宗旨，是调节诸多专注于本国的社会主义党派（例如，德国社会民主党，在19世纪90年代获得了近25%选票，并在1912年实现联合执政）之间的分歧，并在关系到工人阶级的关键问题上采取有效的行动。为了达成这一目的，第二国际常常会召开会议。

正如前文所述，妇女组织在寻求国际支持方面也是轻车熟路，这很大程度上是因为许多妇女在民族国家或帝国内部没有政治代理人，而国际环境则为推动妇女的身份认同与活动提供了颇为有用的媒介。在新西兰的女性于1893年获得投票权之后，新西兰的妇女参政运动的女性代表，就成了全球妇女参政运动的标志性英雄人物。她们远渡重洋以推动这一事业。①

这些组织中的许多妇女，同时也加入了其他以改善国际关系与国际事务为目标的自由主义国际组织。举例而言，各国议会联盟（Inter-Parliamentary Union，IPU）设立于1889年，是一个为国会议员服务的跨国游说团体，其目的是通过增进各国对国际合作（及其益处）的理解，影响各自国家的政治形势。各国议会联盟以在国际层面带来关键性的变革为着眼点，试图完善政府间争端解决机制，并且以强化国际法效力的方式阻止与消除战争。怀着相似的目的，1873年，12名来自欧洲各国的律师在比利时的根特（Ghent）小镇聚会，建立了国际法学会（法语：*Institut de droit international*）。到1914年，各个现存的主权国家都在学会内部派驻合法的代表，它的年度报告与建议对外交事务

----

① 反对妇女参政运动的人也遍布全球。

和多边缔约工作有着相当大的影响。另一项同等重要的成果，则是路德维克·柴门霍夫（LudwikZamenhof）在1887年发明的世界语（Esperanto）。他希望全世界的人都能使用世界语，由此来自不同语言背景的人也能以同样的方式互相交流，并且任何民族或文化都不会在其中占据特别的优势。

以贵格派信徒（Quaker）和其他宗教公益组织为首，许多自由派国际主义者为世界和平四处奔走，积极呼吁废除奴隶制；国际法越发被视作防止战争、解决争端，甚至在某些情况下推动普世人权的媒介。国际政治与外交应当得到改良，由此才能限制战争扩大，乃至更进一步地彻底消除人类的苦难；这种思想在19世纪也越发为人所接受。我们将在下一章中看到，在1899年第一次海牙和平会议上，普通人可以改变政府的外交决策这一思想已经成为共识。当然，全球媒体在推动世界互联互通方面也有着极大的影响。

在19世纪中叶，全世界的精英阶层以各种浮夸的方式炫耀全球化所带来的成果，其中之最就是1851年的伦敦万国博览会（London's Great Exhibition）。博览会的会址位于华丽的海德公园（Hyde Park），各大工业帝国获得了展现其帝国荣耀的绝佳机会。1851年，600万名游客由世界各地前往伦敦，一睹盛会上的诸多展品，其中还包括一幢名为水晶宫（Crystal Palace）的巨型玻璃温室。而在博览会上盛装出席的，还有工业全球化的19世纪中叶的诸多悖论：博览会一方面如维多利亚女王所述，彰显了贸易作为世界"和平缔造者"的伟大力量，但另一方面它也激起了各大帝国之间的竞争与民族情绪。它使人们更加关注世界人口中的种族差异，全球的政治思想家与活动者也由此来到了伦敦，开始寻找利用博览会改善国际环境的方法。

万国博览会也启发了无数后来者。巴黎在1889年举办了世界博览会，以纪念法国大革命100周年并强化国际关系。标志性的埃菲尔铁塔正是为这次世博会而建，它是法国工程技术进步的象征，也是冶金工艺尖端技术的体现。铁塔俯瞰着巴黎全城以及各国的展馆，其中许多来自拉丁美洲。正如1851年的博览会一样，1889年的世博会展示了白人工业国为世界带来的诸多"文明"成果，包括新机械、新武器、电力与贸易商品。对3200万名观众而言，这场世博会的一大亮点，就是被置于临时搭建的"原生"环境中的殖民地原住民，或者说是名副其实的"人类动物园"。这也再一次表明，在工业资本主义的中心，"人类"这一常识性的概念有着多么浓厚的种族歧视色彩。然而，这次盛会也吸引了全世界的思想家与活动者，在世博会期间共召开了69场国际性会议。第二国际和各国议会联盟都是在此期间成立的，国际妇女委员会也是在此期间召开了第一次大会。

此后的1893年哥伦比亚世博会，则是在美洲大陆的正中央、铁路枢纽圣路易斯举办的，吸引了2700万游客以及来自世界各地的国际组织和宗教团体。巴黎在1900年再次承办世博会，吸引了逾5000万游客，同时国际奥林匹克委员会（成立于1894年，旨在组织世界性的运动会，本身也是国际主义运动的一次重要尝试）也同意，在1900年的巴黎世博会期间同时举办第二届现代奥运会。而在1904年，圣路易斯第二次承办哥伦比亚世博会时，也合并举办了第三届奥运会。

总的来说，在19世纪，在政治行动与个人认同方面，从国际性的角度进行思考对许多人（当然，不是所有人）而言已经变得常态化。地方的优先事项与活动既受益于国际环境，又受到国际环境的挑战。家庭、社群、国家、帝国乃至国际常常彼此共存，形成混乱而复杂的关系（有些历史学家称其为"纠缠"，有些则将其描述为"各种力量互相冲突的社会"）。这些思想既影响了当权者，提升了他们的权力与特权；又为诸多非传统的身份认同提供了支持，其中一些转而向当权者发起反抗，另一些则自我演变以满足个体或社群的内在需要。整个世界都在互相连接，并在连接中开启了处理国际事务的空间，这种感受为工业全球化的19世纪带来了关键性的变革与发展。国际竞争变得越发重要，它会定义20世纪地方、国家、帝国乃至全球的政治形势。

第 9 章　工业全球化与第一次世界大战的起源

1886年，苏格兰-加拿大籍发明家、勘测员与工程师桑佛德·弗莱明爵士（Sir Sanford Fleming）开始思考，在人们对于日常生活的共时性的体验上，全球化造成了怎样的影响。弗莱明意识到，自电报发明以来，社群之间越发显著的互联性将整个世界展现在"文明的社群的观察之下，相隔甚远的两个地方失去了与其距离相匹配的时间间隔"。在这个议题上，弗莱明是绝对的专业人士，他协助确立了全球计时体系背后的根本原理，主持设计了加拿大横穿大陆的铁路网，并且设计了加拿大的第一张邮票。对他而言，新闻在全球各国之间传播，信息流通的速度和便捷性远超以往，这使更多的人意识到这个事实：世界各国互相联系、彼此依赖、密不可分。根据历史学家格兰达·斯卢加（Glenda Sluga）的说法，弗莱明的想法正是"有关日常生活的国际性的全新自我意识"的范例。这种全球性意识也是一种关键指征，从中可以窥见世界自1815年以来发生了怎样的转变。

　　1900年的世界正以极快的速度演化着。工业化与现代化进程对绝大多数国家的影响、全球互联的资本主义经济体系的成长以及各大工业帝国的扩张，使1900年的世界迥异于1815年。然而重要的是，在这个彼此紧密相连的世界中，世

　　　　　　　　万国争先：第一次工业全球化

界列强采取行动的机制，在诸多方面都是1815年大国博弈的产物。"同盟体系"的基础，即避免列强之间爆发战争也使这些国家能收割巨额利益。所谓的列强，其实是第一批充分利用工业革命带来的优势的国家，也正因如此，它们才能塑造并主宰19世纪国际体系的经济、外交乃至文化规则。在1900年，国际环境中的胜利者，是那些实现工业化的难度更低、速度更快的国家，其中就有美国、日本以及诸多欧洲国家。

这些工业帝国之所以能在世界经济中兴旺繁荣，是因为其最大限度地控制了全球市场与贸易路线，掌控着构建全球经济体系的基础设施并且从中获利。此外还有一个因素：这些帝国成功地完成了有形与无形疆域的扩张，世界上大多数的领土都被其直接统治或把握住经济命脉。各大工业国家的力量与价值观念主宰着1900年的世界。它们共同的力量，大部分都建立在政府愿意避免互相开战的前提下，而世界秩序也建立在这些国家激烈的经济与政治冲突之上。毕竟，资本主义要在竞争的土壤上才能茁壮成长。19世纪末的第一要务是将竞争对手淘汰出局，抢夺土地、人口和资源的合法所有权。这种竞争之下，要维持"同盟体系"的诸多外交原则，正变得越发困难。

除此之外，考虑到第一个工业全球化时代所带来的全球性影响，到1900年，所谓的欧洲五大列强（英国、法国、俄国、德国与奥匈帝国）越发无法妥善应对彼此之间爆发的所有国际性危机。随着帝国及其经济利益向全球扩张，彼此之间的竞争也在全球各地上演，更有许多新的玩家入局。日本与美国就在许多多边事务上成了重要的伙伴。而对所有七大列强而言，中国与奥斯曼帝国的衰败必须被谨慎对待，重大国际性危机出现的可能性也在不断增加。在欧洲、亚洲与拉丁美洲，越来越多小国的经济实力与政治影响开始上升（某些国家甚至有了自己的"蓝水帝国"，而绝大多数国家都处在横跨全球的无形"贸易帝国"网络内部），这使维持各主要国家间的外交均势变得越发困难。更为重要的是，上述所有国家的精英统治阶级都有着极高的警觉，认为未来完全有可能与至少一位竞争对手发生战争。1890—1914年，为了防备这种可能的前景，他们大幅扩充军队，投资研发新的军事与海军科技，并与潜在的未来盟友签订许多同盟与"友好"条约。在当时的国际政坛，列强间会爆发战争——尽管并不一定是世界大战——已经近乎共识。

另一项使1900年迥异于1815年的因素，则是国际外交秩序的重大变化：大众对国际外交秩序本身以及外交危机的意识变得更强、更为普遍。弗莱明的共时性概念以及斯卢加的"日常生活的国际性"概念告诉我们，几乎在重大事件发生的即刻，全世界与此相关的人就会了解它，并且评估它对自己的生活与重要事务的政治影响。正如在前一章中所述，到1900年，许多公众会利用政治意识在国内国外推动变革。世界各国的经济是互相依赖的，各国的媒体环境是彼此相连的，而普罗大众参与政治的积极性也在不断增长，1900年的世界因此与1815年有着根本性的差异。这不是说，1815年的世界各国之间不存在联系——当时大西洋两岸层出不穷的革命与独立战争就是这种联系的体现——但是在1900年，有比之前多得多的人在思考自己在国内和国际语境下的身份，并在这种语境内指导着自己的生活。

因此在1900年，各大列强不仅身处于一个更为全球化的国际环境之中，而且其政府还常常面对着诸多能危及自身政治权威与社会稳定的威胁，这些威胁有的来自国内，有些来自国外。而在"同盟体系"内通过多边运作来处理这些威胁则变得越发困难。毕竟，在所有人争抢着国际利益的蛋糕时，一个工业国处于劣势，不就意味着其他国家获得了优势或者机遇吗？

在描述第一次世界大战的起源时，人们常常采用的是"战争之路"叙事：在1914年之前的数十年间，欧洲列强之间的敌对与竞争越发激化，这为战争的爆发提供了令人信服的解释。有时，这种历史叙事甚至拥有了目的论性质，这场战争被描述为帝国主义竞争带来的无法避免的结果。举例而言，1917年，弗拉基米尔·列宁（Vladimir Lenin）在其专著《帝国主义是资本主义的最高阶段》（*Imperialism:The Highest Form of Capitalism*）中表示，到1900年为止，已经没有什么可供各大工业强国征服的了，他们之间的经济竞争越发激化，最终不可避免地引发了列强间的战争。

而此后的历史学家则给出了另一个版本的"不可避免的战争"学说，许多人提出，当时的五大欧洲列强中，任何一方都有发动战争、打碎当前体系的意愿。根据这种说法，奥匈帝国越发畏惧被其他列强竞争者所孤立，试图发动战争对抗俄国，并保卫其在巴尔干的帝国领土；德国试图发动战争支持奥匈帝国，因为它害怕看到一个军力强盛的俄国崛起；俄国寻求维护其在巴尔干地区的权威，试图通过战争结束奥匈帝国的无端干预；法国支持俄国发动战争对抗德国，它可以借此为普法战争报仇雪耻；英国则希望借助欧陆战争来转移国内矛盾，例如爱尔兰地方自治问题以及妇女参政运动。

在坚持限制战争范围与避免战争的原则时，当时的欧洲列强的确面临着越来越多的挑战，但将欧洲列强之间战争的必然性视作这一时代的本质性特征则是完全错误的，事实上当时许多人完全不认为这场战争是必然的，某些人甚至认为其根本不可能发生。许多"战争之路"叙事的支持者没有认识到，当时不仅有人试图维系欧洲协调的外交原则，还有人支持并加强了它。历史学家威廉·穆里根（William Mulligan）提出了一个意味深长的问题：为什么欧洲在1871—1914年，绝大多数时候都处在和平之中？这个问题将使我们重新审视这个时代的诸多悖论。一方面，诸多压力使当时的列强之间相互敌对、竞争以及"战争意志"日渐加剧；另一方面，许多人也在试图调和并消除这些压力。

正如在第一个工业全球化时代的全部历史中一样，本章节将会揭示这段历史中的诸多矛盾，并阐述其造成的诸多国际影响。虽然欧洲在1914年7月的确爆发了战争，还将整个世界一起拖入了泥潭，但在此之前，没有人认为全球工业化帝国之间的战争是必将发生的。绝大多数人以为，那些使列强之间自1815年以来一直相安无事的原则，将会继续起效。因此，它们为何没能在1914年7月起到应有的功能才显得尤为重要。但这并不妨碍我们认清这一事实：对当时绝大多数人而言，"一战"的爆发完全是意外、一场灾难性的意外事件。

"一战"爆发的根源毫无疑问在欧洲；更确切地说，源于欧洲五大列强的精英统治阶级的决策之中。在一个世纪之前共同召开维也纳会议的，也是这五个国家：英国、德国（当时还是普鲁士）、奥匈帝国（当时还是奥地利帝国）、法国与俄国。在连篇累牍的著作和期刊论文中，历史学家已经还原了这场战争时间表中的每一个细节，即所谓的"1914

年7月危机"。迄今为止，第一次世界大战的爆发在国际史学界仍然是讨论最激烈、最具争议的话题之一。举例来说，完全可以找到有力的证据，证明欧洲五大列强中的任意一个（虽然其中某些有待商榷）都应该为战争负责。这些论述也都表明，在某些层面上，五大列强准备好了或者愿意承担同至少一方发生军事冲突的风险。在1914年7月23日，奥匈帝国向塞尔维亚下达最后通牒之后，随之而来的是如雨点般倾泻而下的宣战布告。如果说从中能得到什么结论的话，那就是"冒险发动某种形式的列强间战争"的意愿终于压倒了"阻止战争"的意愿。而在这一时间点之前所爆发的每一次国际危机之中，前者从未如此成功过。

历史学家保罗·施罗德在一篇讨论19世纪国际体系运行机制的文章中，深刻而有力地指出，"和平一直是有意营造的产物"，"战争有时就是发生了"。施罗德"和平是被人为营造的现实"的观点，在解释本书提及的诸多争论时颇有成效。毕竟，只有在五大列强共同遵守其基本原则时，"同盟体系"才能得以维持；极为重要的是，正是这些原则才使欧洲（以及全世界）在1815—1914年不曾爆发全面战争。这些原则在1914年7月的确失去了作用，但这并不意味着这些原则彻底失效了——它们只是被列强一同无视了。所以1914年7月的战争，更像是在忽略了（欧洲）"同盟体系"既有的诸多成就的前提下爆发的。在本章中，1914年七八月间战争爆发的一些原因将会得到揭示，并被置于全球互联的工业化世界之中予以讨论。

1914年6月28日，奥地利哈布斯堡王朝的继承人，弗朗茨·斐迪南大公（Archduke Franz Ferdinand）与妻子苏菲乘坐敞篷轿车参观萨拉热窝（Sarajevo），他们在旅程中遇刺。萨拉热窝是巴尔干国家波斯尼亚-黑塞哥维那（Bosnia-Herzegovina）的首都，奥匈帝国在1908年罔顾国际舆论（俄国当局尤为愤慨）与当地的剧烈抵抗（一些波斯尼亚人谋求独立建国，另一些则试图并入相邻的斯拉夫国家塞尔维亚）将其强行吞并。作为一个毫无民意支持的帝国政府的代表，弗朗茨·斐迪南与苏菲成了政治（暗杀）行动的潜在目标。一个塞尔维亚-斯拉夫秘密社团——黑手组织（Black Hand），当然知道此次皇室夫妇来访是他们的唯一机会，安排了六名成员，图谋在公布的参观路线中寻机刺杀。在前五位成员任务失败之后，第六位成员加夫里洛·普林西普（Gavrilo Princip）完全依靠侥幸才刺杀成功。

弗朗茨·斐迪南与苏菲的遇刺，虽然登上了各大报纸的头条，并且在奥匈帝国内部引发了多起反塞尔维亚暴乱，但这件事其实平平无奇。政治暗杀在这个时代已经是司空见惯。在1914年之前的数十年间，有数不清的政治领袖、君主、政治家以及外交官死在恐怖分子、无政府主义者、革命党以及其他人的暗杀之下。在这个大暗杀时代，每一年都有新的轰动一时的事件：1898年的奥匈帝国皇后伊丽莎白（即茜茜公主）；1899年的多米尼加共和国总统休罗将军（General Heureaux）；1900年的意大利国王翁贝托一世（Umberto Ⅰ）；1901年的美国总统威廉·麦金莱（William McKinley）；1902年的俄国内政部长德米特里·希皮亚金（Dmitry Sipyagin）；1903年的塞尔维亚国王亚历山大·奥布雷诺维奇（Alexander Obrenovic）以及王后德拉伽（Draga）；1904年的俄国驻芬兰总督尼古莱·鲍里科夫（Nikolay Bobrikov）；1905年的俄国谢尔盖·亚历山大诺维奇（Sergei Alexandrovich）大公；1906年，西班牙国王阿方索十三世（Alfonso ⅩⅢ）——国王受伤未死，30名随从当场身亡；1907年的保加利亚首相迪米塔尔·佩特科夫（Dimitar Petkov）；1908年的葡萄牙国王卡洛斯一世（Carlos Ⅰ）；1909年的日本枢密院议长伊藤博文（Ito Hirobumi）；1910年的埃及首相布特罗斯·加利（Boutros Ghali）；1911年的墨西哥总统弗朗西斯科一世（Francisco Ⅰ）；1911年的俄国首相彼得·斯托雷平（Pyotr Stolypin）；1913年的希腊国王乔治一世（George Ⅰ）。这其中每一起事件，以及除此之外更多的暗杀未遂事件，都引起了某种形式的政治剧变以及极为可观的媒体关注，但无一引发重大国际危机或是战争。因此没有任何迹象表明，弗朗茨·斐迪南以及苏菲的遇刺会引发世界性的灾难事件。实际上，因为这起事件爆发时，欧洲正是夏天，绝大多数的精英统治者此时正在享受假日；比如说，德国皇帝威廉二世正动身前往挪威峡湾度假。

引发"一战"的并不是弗朗茨·斐迪南的死，而是奥匈帝国由此实行的政治投机。奥匈帝国政府中的两大主要人物，外交大臣利奥波德·贝希托尔德伯爵（Count Leopold Berchtold）以及总参谋长康拉德·冯·霍岑多夫（Conrad von Hötzendorf）在这次暗杀中，看到了彻底解决不断恶化的塞尔维亚问题的机遇。在此前不久的巴尔干战争中（Balkan Wars，1911—1913年），奥斯曼帝国彻底放弃了在巴尔干半岛上的统治权，一系列独立的民族国家由此成立。在此背景下，奥匈帝国政府也察觉到了帝国内部越发激烈的反帝国主义政治运动的威胁。在这些战争中，位于奥匈帝国边界的塞尔维亚成长为一个对帝国抱有敌意的强大国家，更是诸多族群民族主义者，包括泛斯拉夫领土收复主义者的灯塔。而奥匈帝国作为列强中的较弱者，更挑动着这些谋求独立者的野心。1908年，青年土耳其党（Young Turk）发动革命，成功推翻了奥斯曼帝国政府；1911年，辛亥革命终结了清王朝的统治，这两场革命都向奥匈帝国的精英统治阶层表明，他们的帝国也是危如累卵。保卫帝国的领土完整、避免其被"自下而上"的革命推翻仍是当务之急。

从利奥波德·贝希托尔德和康拉德·冯·霍岑多夫的角度看来，弗朗茨·斐迪南遭受暗杀一事给了他们对塞尔维亚"略施惩戒"的绝佳机会。但要确切地指明"略施惩戒"的含义则会有些困难。对这两位奥地利人而言，最理想的结果就是在一场小规模战争中击败塞尔维亚，既可以牢牢压制泛斯拉夫主义运动，又可以镇压国内其他族群的民族主义野心。而从许多方面来说，奥匈帝国政府与塞尔维亚开战的意图是完全符合（欧洲）"同盟体系"的规定的。毕竟，1815年建立该体系的一大初衷就是镇压叛乱，而且至少从帝国统治阶层的角度来看，塞尔维亚对奥匈帝国的国内安全造成了威胁。除此之外，奥匈帝国政府也有充分理由相信，黑手组织获得了塞尔维亚政府的资助。于是，他们有了一个合理的战争借口。有了这些理由，哪个列强会反对帝国以一场小规模战争来惩戒一个构成威胁的、穷兵黩武的小国呢？

但奥匈帝国政府不够自信，它不确定其他列强是否满意于自己"为了镇压叛乱才同塞尔维亚开战"的说辞。[1]最大

---

① 一些历史学家因此宣称，"同盟体系"到1914年时业已失去了其作用。

的威胁来自俄国。为了协助稳定（欧洲）"同盟体系"，俄国政府早已放弃了对邻国内部反叛运动的支持；然而，它没有放弃"同盟体系"中为危机寻找多边主义解决方案的基本原则。在此前奥斯曼帝国在巴尔干的霸权崩溃之后，此地区其他列强的任何单边主义行径，都会招致俄国的警觉。奥匈帝国被俄国视作最大的竞争者，1908年奥匈帝国吞并波黑则被视作单边主义行动。帝国半岛局势在巴尔干战争之后一直动荡不安，奥匈帝国固然不能承受与任何列强之间关系恶化的后果，但更不愿意放弃帝国的安全与其在巴尔干的利益。更重要的是，奥匈帝国承担不起与俄国开战的后果，而后者同样要维护其在巴尔干地区的地缘战略与政治利益。因此，奥匈帝国开始向盟国德国寻求支持，试图以此阻止俄国介入其与塞尔维亚的战争：面对着一场涉及德国与奥匈帝国的外交危机，俄国一定会让步的，不是吗？

面对奥匈帝国的请求，德国政府迅速给出了回复：当然，需要处理塞尔维亚问题；当然，德国支持任何奥匈帝国政府认为合适的行动；当然，需要避免俄国介入此事。这一回应常常被历史学家称作"空头支票"（许诺会援助奥匈帝国任何所需的资源），也引起了众多历史学家的关注。德国真的想在当前时间点与俄国开战吗？确实有可能。德国最高统帅部（与奥匈帝国的类似部门颇为相似）里许多位高权重的军队将领都认为，在未来某个时间点，德国与俄国必有一战。考虑到俄国正在进行武装部队的现代化建设，那么从战略上来说，现在就开战要比等到俄国变强之后再开战更有利。然而更有可能的则是，1914年7月6日德国发给奥匈帝国的消息，仅仅表明德国政府支持其与塞尔维亚进行一场小规模战争，并且也会尽一切外交努力避免俄国介入。

而从俄国的角度看来，塞尔维亚极其重要。塞尔维亚不仅能维护俄国在巴尔干半岛上的利益，并且还是一个与俄国结盟的斯拉夫国家。俄国政府不可能再像1908年坐视奥匈帝国吞并波黑那样，忍受自己"丢失颜面"的苦果。而7月23日，奥匈帝国政府向塞尔维亚政府下达的最后通牒，则使俄国保护塞尔维亚的决定更为复杂化。奥匈帝国政府在最后通牒中要求，塞尔维亚要么放弃司法系统的主权，要么就要面对战争（除此之外还有其他条款）；其实奥匈帝国政府并不期望、也不想要塞尔维亚接受最后通牒中的条款。然而，在俄国政府的建议下，塞尔维亚却在7月25日宣布接受其余全部条款，仅对司法系统一项有所保留。但到了这一阶段，奥匈帝国政府已经箭在弦上，并在7月28日正式发动入侵。但是，这场战争是否能限于巴尔干地区，则不是奥匈帝国政府所能决定的；战争的命运取决于俄国与德国的决定。在下达最后通牒之后，俄国的领导层判断，只有依靠展示军力才能迫使奥匈与德国从塞尔维亚冲突中抽手。于是在7月26日，俄国发布了第一批前期动员指令（并在7月30日完成全体动员）。自1856年克里米亚战争结束以来，俄国从未针对其他欧洲列强表现得如此激进。

而最为重要的是，作为俄国最亲密的盟友，法国与英国完全没有做出任何阻止它展开如此行动的举动。某些证据暗示，法国甚至鼓励俄国在对待奥匈帝国时要保持强硬。毕竟，一旦俄国与德国开战，德国就会遭到削弱，法国在未来对德作战时的负担也会减轻。在这一时期，英国政府确实遵照旧有的外交经验，建议通过外交途径——以对话和会议的方式——解决塞尔维亚危机。建议虽好，却遭到了其他列强的一致无视。这场危机的起源，只是一个虚弱的多民族帝国（奥匈帝国）试图抓住机遇保障自身安全，但它很快就愈演愈烈、一发不可收拾，最终演变成牵扯到欧洲五大列强的、极度危险的外交危机。

仓促的外交沟通只是使得危机更加严重。急中不会生智、只会生乱。因为各大列强都有完备的军事计划，而这些计划又都重视尽早动员，以此最大限度地利用铁路并夺取军事优势，所以1914年7月危机的恶化速度快得像是直达末日的高速快车。各大列强都有着相当庞大的军队（俄国的征召兵人数约为600万，奥匈帝国300万，德国450万，法国

400万），因此所有人都会同意，列强之间的战争将会是毁灭性的；但他们也会同意，如果有哪一方能最终取胜，那一定是首先完成总动员的那方。因此，任何一个列强一旦开始动员，其他国家的军队指挥官就会陷入恐慌；哪怕仅仅是出于自保和防御，一国的动员都一定会引起各国的总动员。因此，俄国在1914年7月26日与30日下发的动员令，将一场原本限于巴尔干地区的战争，引向了不可知的深渊。

德国的军事形势尤为严峻，在其军事计划中，与俄国开战则势必也要与法国开战。在7月危机的背景下，德国施里芬计划（Schlieffen Plan）的僵硬古板则加速了即将爆发的世界大战的来临。因为德国并未制订单独针对俄国的军事动员计划，所以入侵法国成了德国对俄发动军事行动的必然前提。除此之外，施里芬计划建立在俄国动员缓慢、德国动员迅速的基础上，寄希望于在俄国进逼德国东线之前，先在西线迅速击败法国。

因此，在俄国于1914年7月30日开始动员部队以支持塞尔维亚时，德国最高统帅部面临着极端困难的窘境。他决定向德国政府施压，要求进行动员并做好与法国开战的准备。一旦德国在8月1日向俄国宣战，那就必须在8月3日随即向法国宣战，而除此之外，德国还入侵了比利时与卢森堡两个中立国。这是施里芬计划所要求的，只有这样才能更轻易地击败法国军队（因为比利时–法国边境上的要塞更少）。德国向两个永久中立国宣战，这件事至关重要，因为这种毫不掩饰的公然入侵，彻底摧毁了赖以支持19世纪国际体系的基本原则。德国的敌人由此得以将"中央同盟"（Central Powers，即德国、奥匈帝国和此后的奥斯曼帝国组成的联盟）打成"过错方"。虽然引发"一战"爆发的危机并非德国一手制造，其政府的决策却毫无疑问推动了塞尔维亚危机的恶化，原先仅限于东欧的巴尔干地区的战火，终于烧到了欧洲全境。

虽然德国蓄意侵犯了比利时与卢森堡这两个中立国，但其战前的诸多计划，都是建立在期望英国维持中立的基础上的。毕竟，英国自1856年以来，一直对欧洲的各场战争袖手旁观。但就像奥匈帝国政府以为在德国介入冲突的情况下，俄国不会为了塞尔维亚而发动全面战争一样，德国政府也误判了在西欧卷入战争时英国的反应。英国数十年以来严守中立，竭力维护海洋自由，因此长期以来一直有意回避战争。而1815年以来的（欧洲）"同盟体系"的成功，也至少部分依赖于列强不愿与邻国发动战争的基础之上。而在7月危机期间，这种意愿则面临着挑战。在德国于1914年8月3日夜晚入侵比利时之前，英国内阁一直在其对法国、俄国以及比利时（如果德国入侵）的义务问题上闪烁其词。但最后英国看到了一个可怕的前景：德国可能会取得欧陆的霸权；如果德国成功战胜法国与俄国，那它就会成为英国在霸权与工业上无法战胜的竞争对手。因此，英国内阁在1914年8月4日才向德国宣战，意图保卫自己的全球霸权与经济利益。而面对民众，它则将宣战的动机标榜为正义与"文明"，是为了履行条约（德国入侵比利时与卢森堡，已经触犯了1839年的《伦敦条约》）、保护弱小国家的主权，以及维护支撑着国际体系的国际法与中立原则。最后在8月12日，英国与法国才想起来向奥匈帝国宣战。

在1914年7月23日（即奥匈帝国下达最后通牒之日）到7月28日之间的某一天，当奥匈帝国的军队入侵塞尔维亚，并炮击其首都贝尔格莱德（Belgrade）时，这场战争就注定不会是一场小规模的地域性战争。在这四天多的时间里，欧洲各大列强已经将各自战争的重点由巴尔干转向了彼此的边界：加利西亚（Galicia）、波兰、比利时和阿尔萨斯-洛林（Alsace-Lorraine）。巴尔干的战争演变成了欧洲的战争。但将战火烧到世界各地的，则是英国在1914年8月4日的宣战布告。它将英国在全球共4.46亿的臣民拖入了战争的泥潭，将欧洲这些好战的列强的每一个据点都变成了潜在的战区，并将全球经济塑造成工业帝国战争的强力武器。没有哪个社群能脱离这张彼此相连的贸易与通信的复杂网络，全球各地尚未牵扯其中之处，也受到了这些进展的影响。1914年的国际体系是一张由诸多阴谋诡计编织成的、覆盖全球的大网，而英国则身居于其中心。因此，如果英国保持中立，世界也未必会陷入战争；英国下场参战，世界则必定无法逃脱战争。

所以，究竟是谁要为"一战"的爆发负责呢？奥匈帝国、俄国和德国当然是罪魁祸首，因为他们在紧张的局势下对着本可避免的危机不断煽风点火；法国与英国或许也难辞其咎，因为他们本应该更好地进行仲裁和调解。当然，他们也将欧洲统治者的决定所引发的后果带到了全世界。关于1914年7月与8月初爆发的战争，我们能说的只有，是一群垂垂老矣的欧洲政治家将整个世界拖入了冲突的激烈漩涡，并且这场冲突很快就演变成了第一次世界大战。如若出于善意去观察这些人的行动，我们或许能辩称，他们这样做完全是"出于意外"。他们试图阻止全面战争的爆发，实际上却无意之间推动了它。或者，正如当时的英国首相戴维·洛伊德·乔治（David Lloyd George）所说的，1914年7月的欧洲"正战战兢兢地走在战争的沸腾汤锅的边缘"。

但若将"一战"的爆发完全称作"意外"，却又忽视了一个显而易见的重点：在1815年到1914年7月间的任何一个时间点上，这些列强都不曾将自身置于相似的窘境之中。在1914年7月之前的一百余年间，世界大战的风险都是被高估的。乃至克里米亚战争的爆发与进程（这场战争牵涉到欧洲三大强国以及奥斯曼帝国）也有着外交克制的深刻印记，各大强国严守中立，试图将战争的范围与经济影响限制在一定范围之内。在1856年之后，在列强之间确实爆发了两场战争，即1870—1871年的普法战争与1904—1905年的日俄战争，但战争的规模很大程度上也处在其他未参战的中立强国的控制之下。20世纪早期的外交官，绝不会轻易做出盲目介入战争的决定。

无论如何，在1914年7月之前，使列强保持克制并促进外交协作的机制一直运转得颇为顺利。举例而言，1913年签订的《伦敦条约》标志着第一次巴尔干战争的结束，此事欧洲列强全员都有所参与，尽管他们并未亲自派兵。这次协商旨在缓和奥斯曼帝国的衰落对动荡不安的巴尔干地区造成的影响，并谋求在众多民族凝聚力极强的小国（如塞尔维亚）之间重新建立平衡。由此，各大列强得以继续维持对国际战争与危机进行精细管理，并将其限定在一定范围之内的悠久传统，也能避免自己陷入不利的冲突之中。这并非要遏制一切战争，而是要最大限度地避免最糟糕的情况，即避免使其演变为一场全面战争。举例而言，在1899—1900年的义和团起义危机中，七大强国（还包括日本和美国）以及数个稍小的帝国（例如荷兰）甚至联合起来，派遣陆军部队和舰船前往中国镇压义和团起义军。但这些国家共同的目的在于维系清王朝不致崩塌，并由此保卫各自在中国的通商口岸以及贸易权利等帝国主义利益。

相似的是，在日俄战争（1904—1905年）期间，除俄国及日本外的其余列强都保持着中立立场。他们甚至共同通过外交努力确保战争双方能支持其他国家的各项中立权利。如果这些权利遭到侵犯——俄国人对此尤为擅长——这些中立政府则会尽其所能，利用宣战之外的方式迫使日俄双方履行应尽的义务。如此，这些国家既在国际体系下限制并最小化了战争的影响，又维持了其在亚洲与中国大体上的力量平衡。日俄双方也都修订了各自的战争计划，以满足许多（但并非全部）中立方的要求。除此之外，在取得对俄国的军事优势之后，日本政府就邀请中立方的美国总统西奥多·罗斯福调停冲突，而非像早些时候那样，决定继续这场旷日持久而代价高昂的战争。日俄战争向世界列强表明，国家间的战争是有效、但不能多用的外交工具。

然而，在1914年7月，至少有三大列强（德、奥、俄）显然改变了想法，决定用展示军事实力的方式改变外交形势。这种使用军力影响他国政策的倾向，根据某些历史学家的解释，是国家间竞争激化的后果；另一些人则将其归因于，（欧洲）"同盟体系"无力维护既有的多民族帝国的内部凝聚力。在1914年之前的数十年间，这些竞争对手鼓吹军国主义思想、重视军备竞赛、在公众外交领域又都偏好利用小伎俩获取优势。而上述两派学者都认为，这样的国际环境正是帝国主义竞争的体现。

在此，时代的矛盾又一次出现了。毫无疑问的是，在1890—1914年，各大列强开启了无数场陆海军军备竞赛，征召兵的规模一再扩张，许多全新的强力军事装备纷纷涌现。所有主要国家，包括日本与美国，都将大笔财富投入到扩充军事实力之中。他们还签订了一系列同盟条约，由此俄国、英国、法国与日本的联合实力才能与德国、奥匈帝国与意大利相匹敌。这些同盟协定与军备扩张加在一起，则共同构成了当时常常被人引用的一句名言：汝欲和平，必先备战（拉丁语：*si vi pacem para bellum*）。在一定程度上，这些做法也可以理解为维护实力平衡的一种方式；毕竟，军事威慑总是为了避免战争。尽管如此，当时的绝大多数人还是认为，军事扩张增强了对使用这种武力的期待，公众的观点由此更为倾向帝国竞争、仇外以及民族主义。在1914年之前的数年间，所有工业帝国内的民意都开始倾向于战争。

各大工业帝国的军国主义化，部分来说也是全球军火产业极速发展的结果。像19世纪许多成功的产业一样，绝大多数的军火公司也是私有的。无论何时，它们都会把货物卖给国际市场上出价最高的人。而在战时，它们能赚取最多的利润。一个中立国可以（并且常常会）让自己的公民或公司为交战双方提供支援，而后从中获取巨额财富。举例而言，在巴尔干战争期间，交战双方都有来自全球各大中立国的军火公司的武器支援。既然中立方能从战争中获利，那么中立政策就像许多国外政策一样，不可能是完全温和无害的。而相应的，赚取到了利润的政府就会将利润投资到军火产业中，以确保政府和国家的安全。因此，自19世纪90年代以来，军火产业已经发生了演化；它既是帝国主义竞争的产物，又是这种竞争永远的"代理人"。但它也来自这个有着有限战争和中立的时代，因为从促进经济与国力发展的角度来看，后者符合许多国家的利益，它们希望维持中立，满足其他国家的战争需要，而非自己亲自参与战争。

因此，在探求第一次世界大战的起源时，我们不应该仅仅关注19世纪末期的军工复合体的运行机制。正如历史学家戴维·史蒂文森（David Stevenson）所述，军火产业或许是"历史这辆机车的车轮和活塞"，但绝不会是"蒸汽"。然而，尽管这样说，还是必须承认，全球军火产业的确决定了1914年7月之后的全球性工业帝国战争的本质与影响（参见下一章）。相似的是，尽管在1914年之前的数年间，各国民间盛行着民族主义、军国主义以及帝国竞争情绪，但是在理解欧洲各国政府为何要在1914年7月推行一系列导向战争的政策时，这种情绪只是提供了可供参考的重要语境，而不是其如此决定的根本性驱动力。而在战争爆发之后，上述这些思想都被交战双方所利用，用以鼓动民众支持战争。此时，它们就成了理解1914年之后战争的本质的必要工具。

此外还要注意到，在1914年之前，当时的许多人对工业战争、军备竞赛、征召兵定额以及军国主义的盛行怀有充分的忧虑。民族主义、帝国主义与军国主义并未获得所有人认可。全球各大工业帝国的公民与臣民，同样对政府在战争上的政治与物质投资深感疑虑，乃至强烈抗议。第二国际的大部分社会主义者都尖锐地反对军国主义、反对征召入伍与战争（虽然其中一些人承认社群有权利也有必要保卫自己免遭攻击，另一些人则期待着一场"自下而上"的暴力革命）。而许多自由派国际主义者（绝大多数都坚决反对社会主义）则支持国际仲裁，致力于改善国际战争法律，避免各国政府彼此开战。如果他们得偿所愿，那么国家之间的战争将会更为少见。除此之外，他们还致力于改进战争法，以保护非交战人员的各项权利，并维持各国和平与国际平衡。

像当时的许多人一样，社会主义者和自由主义者常常会引用"文明"这个概念，试图改变或改善（从他们的观点来看）国际环境。而正如我们所见，在20世纪初期，"文明"

这个概念承载着太多事物。文明的思想维系着一个高度不平等、各种族被割裂和限制的国际环境。尽管他们深知这些不平之处，但当时的许多人并没有以愤世嫉俗的态度去对待这个概念，而是赋予了它希望与愿景。他们的解决方案是订立一些"文明"的行为规范，包括"文明国家"应当以"文明"的方式对待彼此和所有社群，而全球的媒体都渐渐认同了这种思想。不论各"文明"国家的代表实际上的行为方式是否"文明"，其士兵和代理人都应该遵守国际法的各项原则，并以"文明"的方式行事。这种想法已经成为常态。实际上，在20世纪早期，媒体在报道战争和国家的暴力时常常会进行分析：这些行为是否符合战争法的规定？是否违背有关各方所签订的任何条约？

各大列强都积极参与了1899年与1907年的两次海牙会议，并推动了国际仲裁法律、战争法与中立法的制定。这表明，世界各大国的政府都愿意将外交合作与避免战争的原则，推广到欧洲之外。此外还有一件同样重要的事：俄国沙皇尼古拉二世，在1898年的第一次海牙会议上提出请求，希望各国能共同减缓军备竞赛的发展速度。尼古拉二世颁布这样的法令（在当时人们这样称呼他的公告）毫无疑问是为了争取时间，好让俄国赶上各大竞争对手的军备投资与生产水平；其他各大列强也毫无疑问地不愿解除武装。然而，在全世界无数能阅读报纸的民众心中，这条法令却引起了广泛的支持，各国政府由此不得不讨论这个议题，以及其他为民众所关心的概念，如国际仲裁和修订战争法等。因为许多人都对可能发生的工业帝国战争深感忧虑。

参加1899年第一次海牙会议的，共有26个国家，其中包括七大列强、中国、奥斯曼帝国以及欧洲和亚洲的众多小国；到了1907年，则有44个国家参会，其中包括了绝大多数的拉丁美洲国家。第二次海牙会议——第一个真正的国际外交平台，几乎现存的全部国家都有所参与。1899年与1907年的两部《海牙公约》取得了巨大的进步，不仅制定了普适性的、可行的战争与中立法律，还建立了国际司法机构，即常设仲裁法庭（Permanent Court of Arbitration），为各国政府提供了一套可用的、获得普遍承认的国家间争端解决机制。依靠所有这些方式，海牙会议表明，国际外交环境中存在着诸多关联。此外它还展现出，国际法律共识与多边条约有着极为强大的力量，能迫使国际环境接受某些规范。《日内瓦公约》原先签订于1864年，仅有12个国家签署，到了1906年则扩充到了35个签署国。海牙与日内瓦会议共同展现了国际主义与人道理想主义的力量，它们也能为指导国际互联提供不同的视角。

当然，1899年与1907年的海牙会议以及1906年的日内瓦会议都是由各大列强所主导的。《海牙公约》与《日内瓦公约》得到一致通过，也表明了这些工业国家有能力为世界上其他国家订立规矩。所以说，从一方面来看，这些多边公约表明，各大工业帝国仍然有能力维持"欧洲协调"式的、对国际环境的微观管理，并且将其对国际力量均势的"监管责任"（政治学家赫德利·布尔用这个词描述召开维也纳会议的目的）扩展到整个世界。而从另一层面来看，这也反映出，各大主要国家所面临着的问题不再仅限于欧洲，而是蔓延到了世界各地，牵扯了数不胜数的国家、人民与国际愿景。而至少，《海牙公约》与《日内瓦公约》证明了，国际治理与多边协商这两大概念已经是处理国际问题的常态化、理想化方法。除此之外，这些国际会议还强化了这样一个概念：全球各国之间的联系使一切政治危机、战争和国家暴力都成了与全球各国相关的事件。

欧洲的一小群统治者一手导演了1914年的7月危机，整个世界却在报纸上目睹着危机的开幕。阅读这些报道时很容易就会发现，人们完全没有预料到，弗朗茨·斐迪南大公和苏菲的死会演变成一场波及全欧洲的战争。甚至在奥匈帝国向塞尔维亚下达最后通牒之后，许多报纸还在严词批驳这种可能性。没有人觉得，一场巴尔干的战争可能会引发世界大战。正如历史学家迈克尔·奈贝尔格（Michael Neiberg）所述，当时的绝大多数人都以为，欧洲各国政府会像过去一次次所做的那样，避免在彼此之间开战。而当战争真的来临时，迎接它的则是惊骇、困惑、恐惧和不确定。战争爆发的现实只是更坚定了双方的态度，参战国与中立国一样，都在质问这场战争为何会发生，又要归咎于谁。但不论从哪个角度看来，这场战争都是前所未见的。各大列强已经维持了近一个世纪的和平，他们用这种和平为自己强化国力、攫取财富、增添荣耀，数百万的他国民众则成了这一切的代价与垫脚石。现在，他们终于把自己拖进了一场全球性工业战争的深渊，而这将会是一场毁灭性的战争。

第 10 章

全面战争下的工业全球化，1914—1918 年

历史学家比尔·阿尔伯特（Bill Albert）在《南美与第一次世界大战》（*South America and the First World War*）一书中提出，尽管在1914—1918年，拉丁美洲各国都保持中立，并且与各大战场都远隔重洋，但是这场战争还是为南美大陆带来了巨大的影响。阿尔伯特的叙述开始于秘鲁偏僻的卡内特（Canete）谷地，这里位于秘鲁首都利马（Lima）城以南150千米，只能乘坐近海汽船或是骑马才能抵达。而它也未能逃脱被战争波及的命运。这座谷地的大半土地都种植用于出口的棉花和制糖作物，并且雇用了约3000名工人。1914年8月10日，卡内特的地方长官召集当地的商人与地产拥有者开会，讨论当前愈演愈烈的危机。这些人都明白，随着1914年8月4日英国向德国宣战，全球的经济也将陷入停滞：海运不再可靠（船舶可能会遭袭、触雷或被俘获）、船只保险不再可信（如果上述任何情况真的发生）、交战国的港口不再可用，乃至货币本身也会出现问题——这一切都使他们更加焦虑。全世界的商船与客船都停泊在港口、无事可做；谷物在甲板上腐烂，商店货架空空，银行关门歇业，股市停止交易。正如历史学家理查德·罗伯茨（Richard Roberts）所述，在短短数天之内，19世纪的国际金融，或者说"整个协作机制"都"彻底陷入停摆"。

根据阿尔伯特的叙述，1914年8月4日的卡内特，"支撑基本生活的机制已经彻底失能"，而世界上的其他地方也是这样。战争的影响立竿见影。考虑到最糟糕的情况，同年8月10日，卡内特人在会议上讨论如何尽量减轻潜在的食物短缺、失业率飙升以及社会动荡等问题。地方长官求助于同僚，向秘鲁中央政府请求援助，希望其能划拨资金以支付工人当前的工资。因为卡内特谷地中的许多糖类作物种植园依赖于英国银行的贷款，或是归英国投资者所有，所以他们要考虑的不仅是眼前的危机，还有英国涉入全球性战争的长期潜在影响。他们的担忧不无道理。秘鲁的各大城市此时也陷入了一片混乱，银行、工厂与工坊纷纷歇业。而最后，卡内特的许多种植园被迫关停或削减产量，当地人的生活因此受到了极大的影响。

各大中立国家都经历了相似的危机与焦虑。举例而言，在中立国荷兰，政府竭尽全力以保证国民经济的稳定。1914年7月29日，阿姆斯特丹与鹿特丹的证券交易所已经关闭；到8月3日，商店中生活必需品已经脱销，民众将银行账户中的全部存款都兑换为金银（而非纸钞）。而政府与市政当局则相应地颁布了一系列紧急法令：他们准许银行关门歇业以免破产；发行紧急纸币以替代银币（以此支付工人的工资并满足日常生活所需）；进行价格保障并征用必需货物（农民和商人因此不会从公众的恐慌性抢购中获利过多）；并且进行讨论，如何在各大邻国（德、比、英）陷入战争时，保证国家社会与经济的长期稳定。而在地球另一端，上海这座中立的国际大都市里，居民们同样感到忧虑。船只无法出港，没有新的丝绸订单（丝绸是当时最贵重的奢侈品），本地的丝绸产业没有销路，因而失业率飙升。银行与金店闭门歇业，上海的证券交易所也宣告闭市，因而货币开始紧缩。对所有的中立社群而言，由战争引发的长期经济危机所带来的影响太过沉重。几乎所有与世界经济紧密相关的社群，不论其是否参战，都感受到了深深的焦虑。甚至美国与日本这两大工业经济体，也在战争爆发后的数周内一度深陷危机。

有关第一次世界大战的许多叙述，往往都只关注欧洲战场。这当然有着充分的理由，毕竟这场战争发源自欧洲，也是欧洲的列强一手引爆的。在数天之内，1800万士兵在波兰、加利西亚、比利时、法国北部和塞尔维亚的漫长战线上彼此厮杀。到1914年12月，那不断变长的伤亡名单上已经添上了数百万名士兵，他们或是战死，或是被俘，或是身受重伤，其中甚至包括了三分之一的俄国陆军（近1400万人）。身处战区的数百万平民同样沦为了战争浪潮的牺牲品，他们的家园、农场、村庄和城镇被夷为平地，自己则沦为难民、颠沛流离，或者成为进逼的敌军暴行之下的受害者。国土遭受侵略、财产遭受占领、白白死去。从1914年8月以来，整个欧洲到处都是这样的惨景，而在此后的几年里，这种暴行只会愈演愈烈。到当时为止，第一次世界大战毫无疑问是欧洲遭受过的最为惨烈的战争。

但仅仅重视欧洲战场，就会忽略这场战争的全球性本质。因为世界各国的工业与经济彼此相连，而且欧洲许多交战国都秉持着"蓝水帝国"的理念，因此自1914年8月起，这场欧洲的战争就将世界上的其他国家一同拖进了战争的漩涡。倘若对1914年与1918年的世界大战的全局进行分析，那么"第一个工业全球化时代"中各国彼此紧密相关的全貌，就能以最清晰、最深邃的形式展现在我们面前。1914—1918年的战争不仅改变了欧洲的未来，还改变了整个世界的未来。

而参战的列强则从一开始就意识到，这是一场全球性的战争。在1914年8月4日夜，英国皇家海军切断了德国全部的跨大西洋电报线路；8月6日，英法联合远征部队入侵德属多哥（Togo），摧毁了德国在非洲至关重要的电报基站。此外，德国在北海和波罗的海的港口也遭到封锁，同盟国维系国际贸易的能力，以及国际通信和海外调度的能力都遭受重创。在1914年8月4日之后，同盟国要么使用中立方的通信

渠道，要么冒着被监听以及攻击的风险，使用敌军的通信渠
道。另外，同盟国维系与其他国家联系的能力也受到了严重
影响。

入侵多哥只是协约国攻击德国全球殖民地的序幕。
1914年8月下旬，新西兰部队入侵了德属萨摩亚，澳大利
亚则在其后两周入侵了德属巴布亚新几内亚（Papua New
Guinea）。这两次行动的目的都是防止德国舰队将其用作军
舰加煤站或电报枢纽。对他们而言，有一支德国海军分遣
队正在广阔的太平洋里四处游弋，伺机重创协约国航运并
击沉其军舰。8月22日，德国海军"沙恩霍斯特号"（SMS
Scharnhorst）与"格奈森瑙号"（Gneisenau）轰炸了法属塔
西提岛（Tahitian）的港口城镇帕皮提，小镇为此蒙受了巨
大损失。战争的暴行并未局限在欧洲。

非洲的军事行动在1914年8月6日之后反而愈演愈烈。
1915年2月，南非派部队入侵了德属西南非洲〔今纳米比亚
（Namibia）〕。在非洲中部的比属刚果，站在德国一方的
图西族（Tutsi）攻击了敌对的胡图族（Hutu），最终比利
时政府派出了一支绝大部分由非洲当地士兵组成的远征军，
并动员了数千名劳工和港口工人，攻击与其接壤的德属布
隆迪（Burundi）与卢旺达（Rwanda）。东非地区〔今坦桑
尼亚（Tanzania）周边〕的战争则更为惨烈。德军指挥官保

罗·冯·勒陶-佛贝克（Paul von Lettow-Vorbeck）组织起了一支规模可观的部队，同英国以及随后的葡萄牙军队进行了一场旷日持久的游击战争，一直打到了战争结束。战争双方都肆无忌惮地征用当地人的食物、牲畜和劳工，完全不顾及他们的生死，这带来了灾难性的后果。逾100万东非人直接因这场战争而死。坦桑尼亚的瓦果果人（Wagogo）用"姆吞亚"（Mtunya，"争抢"之意）一词，指代自己的牲畜、食物和人力被军队征用后又遭遇了干旱。"姆吞亚"唤起的是当地人对那种最为恶劣的环境的苦痛回忆：村庄遭到废弃、田地一片荒芜、饥饿、死亡、卖儿鬻女、易子而食。"姆吞亚"彻底摧毁了瓦果果社群的社会凝聚力，只有那些精英阶层才保留了自己的牲畜，甚至利用手中的财富拓展自己的权力与掌控力。非洲在"一战"中承受的伤痛，并不比世界任何其他地方更轻。

倘若说在1914年8月，各大交战国尚且寄希望于战争很快就会结束，参战国还会奉行此前的"有限战争"的交战准则，那么到了1914年12月，事情已经很清楚："一如既往"的战争模式已经彻底破产了。没有人能在短期内取得胜利。在西线战场，双方隔着长达400千米、壕沟密布的防线相互对峙；这条战线在此后的数年间，将会吞噬数百万的士兵与补给，再加上数十万名来自欧洲之外的士兵与劳工。东线战场之惨烈也不亚于此。而与此同时，奥匈帝国入侵塞尔维亚，超过30万人沦为难民（塞尔维亚总人口的三分之一）。他们想要穿越这个国家崎岖多山的边境，逃出奥匈帝国占领区。逃亡途中有数万人丧生，而到战争结束时，共有15万塞尔维亚人死于伤寒。

而最为重要的是，1914年12月，各交战国都完成了战略调整，转而准备进行长期战争。交战双方由此认识到，胜利与否取决于各方为战争提供资源的效率。哪一方能生产更多的武器和军事装备，提供更多的食物与燃料，动员更多的人力（不论是军队还是产业或农业工人），哪一方就会在战场上取得决定性的优势。与胜利紧密相关的，是国家动员一切可用资源的能力，因此也是瞄准并摧毁敌国人力与物质资源的能力。这场战争已经转变成了全球性的经济战，不论是中立方还是参战方，不论是平民还是军人，没有人可以置身事外。根据法国记者里昂·都德（Léon Daudet）在1916年的描述，这场战争是一场"总体战"（法语：guerre totale），所有人、所有事物都牵扯其中，一切"政治、经济、商业、工业、知识、法律和金融领域"都无从幸免。

在这场工业战争之中，胜利的天平偏向协约国一方。相比于对手，他们有更多财富、全球资源以及最为关键的、更为强大的工业能力，特别是在美国于1917年4月参战，并加入协约国一方之后。但没有一个欧洲国家能从这场战争中获益。维持数百万名士兵在前线的补给，并为其提供最新的工业化的武器弹药，意味着要承担天文数字般的花销与开支，欧洲所有的参战国都因此而破产。到1918年，法国政府债务达到了1755亿法郎，占其当年总预算的83.4%；德国政府的债务达到1010亿帝国马克；英国的国家债务虽然只有59亿英镑，但它还要为俄国与法国在美国的贷款提供担保。而对奥斯曼帝国和奥匈帝国而言，其各自的开支也是当年财政收入的360%与528%。如此庞大的财政开支毫无疑问影响到了各国的国民经济，各国的社会与政治凝聚力陷入动荡，并且对战后经济与外交秩序造成了决定性的影响。

从1915年初开始，"一战"的余波以未曾预料的方式开始扩散，最终影响到了整个世界。在"为了胜利不惜代价"的原则指导下，战争的烈度一发不可收拾。越来越多的国家加入战争，这种变化使得"同盟体系"的支柱——中立原则与外交克制——变得愈加岌岌可危。从这个角度来看，第一次世界大战是一场打碎既有体系的战争。到1918年，世界上的中立国已经寥寥无几，并且也深为全球性战争的社会经济影响所苦；1918年的世界人口不过18亿，其中就有14亿人正式参战（见表10-1）。1914—1918年的战争宣告了"第一个工业全球化时代"的落幕，高度动荡不安的"第二个工业全球化时代"由此登上舞台，而这一时代被历史学家埃瑞克·霍布斯鲍姆讽刺地称作"极端者的时代"。

表10-1　各国参战人口，1914—1918年

单位：百万人

国家	1914 年末	1916 年末	1918 年末
协约国			
俄国	176.4		
法国	87.8		
英国	446.1		
塞尔维亚	7		
利比里亚	1.5		
日本	74.2		
意大利		37.6	
葡萄牙		14.7	
罗马尼亚		7.7	
美国			106.3
拉丁美洲各国			34
希腊			4.8
暹罗（泰国）			8.4
中国			441.5
总计	793.3	853.3	1271.7

国家	1914 年末	1916 年末	1918 年末
同盟国			
德国	61.3		
奥匈帝国	67		
奥斯曼帝国	23		
保加利亚		4.8	
总计	151.3	156.1	156.1

资料来源：Stephen Broadberry, Mark Harrison, 'The economics of World War One:An overview' in Stephen Broadberry, Mark Harrison, eds, The Economics of World War One. Cambridge UP, 2005.

很多方法都可以描绘出"一战"对"第一个工业化时代"的体系原则所造成的根本性影响，其中最为理想的方法，就是观察战争对各中立国以及国际经济的影响。在1914年7月下旬到8月上旬的时间内，许多国家依照国际法的要求，宣布自己在战争中严守中立。他们期望参战各国能遵守规定，因为这些规定本就是他们在1899年和1907年的海牙会议，以及1909年的《伦敦宣言》（*Declaration of London*）中所订立的。然而正如本章开头所示，英国参战使局势变得极为清晰：这场战争在任何意义上都不同于"惯例"。而正如历史学家马克·贝利（Mark Bailey）所述，为了适应全面经济战争带来的变化，各国发明了全新的金融、保险与贸易体系。

有限战争向全面战争的转变，对于中立国与参战国双方而言都产生了根本性的影响。从1915年初开始，各个中立国的政府、商人与银行都必须在战争补给、战争贷款与具有针对性的经济措施方面，同各交战国的竞争对手进行利益平衡。某个国家维持中立，现在不再是某种自然而然的权利，更不是遵守国际法的表现——国际法定义了中立国的权利与义务，并保护其领土不受侵犯（虽然这些需求只能尽力达成）。各中立国的政府越来越多地要依靠冗长繁杂的外交协商，才能维持自己在经济安全、国际贸易与供给上的权利。中立国的国民则将自身道德化的中立态度，以及人道主义价值观念投射到国外的战场上。此外，"中立国与战争投机者是一丘之貉"的想法也开始广泛流传。的确，许多中立国靠着满足战争双方的需求赚得盆满钵满，尤其是在1915年与1916年；并且美国在整场战争中也的确大发了一笔战争财。但到了1917年，随着大西洋与地中海地区的战争局势愈演愈烈，越来越多的中立国船只被交战国的海军拦截或击沉，绝大多数的中立国也尝到了不见好转的通货膨胀和无法遏制的物资短缺绞杀社会经济的滋味。

但中立国是否参战，并不是任何时候都能由其自主决定的。例如，比利时和卢森堡是遭受到了侵略，而原先的中立国波斯帝国（伊朗）与希腊则是屈从于国内主战派的主流意见。其他参战的中立国，则是为了谋求潜在利益的最大化。举例而言，日本在1914年8月23日对德宣战。欧战的爆发在亚太地区留下了一大块势力真空，而日本则迫不及待地想将其据为己有。日本在同年8月下旬入侵了中国租借给德国的青岛港，并占领了德属马绍尔（Marshall）群岛、加洛林（Caroline）群岛、马里亚纳（Mariana）群岛以及贾卢伊特环礁（Jaluit Atoll）。欧洲商人撤出了这片区域，日本商人就填补了他们留下的空白。在大战期间，日本的出口市场总值增长了200%，舰船总吨数上升了100%，与此同时还在这一地区投资发展了种植园经济。到1917年，日本控制了太平洋商贸市场的55%，而这块市场在1914年时尚在英国商人的主导之下。日本取得的这些进展，对其在战后成为地区性重要强国帮助巨大，但也使其陷入了与美国的长期竞争。

几乎在日本选择加入协约国的同时，奥斯曼帝国就选择站在了同盟国一边。奥斯曼帝国政府意识到，但凡欧洲列强与俄国之间爆发战争，那么一方得胜后自己也会沦为胜利者攻击的目标，既然如此，那不如站在胜利的一方。1914年10月31日，奥斯曼帝国正式加入战争，在高加索与波斯帝国对抗俄军，并在美索不达米亚与北非同英法作战。到了10月，苏丹穆罕默德五世则以不同的方式将战火烧到了全世界：他宣布向敌国发动"圣战"（jihad）：既号召国内的臣民拿起武器、支持战争，又要求世界各地的伊斯兰教徒从内部动摇英、法、俄帝国的稳定。

1914年8月，意大利政府不顾此前与德奥两国签订的同盟协定，选择在战争中保持中立，以此保全自己在北非的殖民帝国。阿比西尼亚（Abyssinia，今埃塞俄比亚）的独立已经让它倍感惊恐，当地人民掀起了一波波武装斗争的浪潮，成功推翻了意大利的殖民统治。而无论如何，许多意大利人公开表示反对战争，而德国入侵中立国比利时的做法更让他们义愤填膺。当意大利政府选择在1915年3月23日加入协约国一方时，其主要意图是从奥匈帝国手中夺取领土，并由此跻身于欧洲强国之列——而只有胜利才能让它坐稳这样的地位。出于相似的理由，保加利亚在1915年10月加入了同盟国，期望由此成为地区霸主；其邻国罗马尼亚则在1916年8月加入了协约国，但很快就被德军击败并占领。

到1914年末，各大列强中仍然保持中立的就只有美国。考虑到其与欧洲的地理距离，美国政府选择暂时保持中立。而美国的统治阶级与商人阶层，则从一开始就认识到，可以利用自身的中立国地位将美国的地缘战略优势最大化。巴拿马运河在战争之初的几天内，即8月15日通航，美国作为中立国变得更加有利可图：东西海岸得以连通，亚太经济圈向南北美洲的各行各业敞开了大门。作为海上贸易发达的中立国，它也可以相对容易地为英法两大交战国提供物资（至少在1917年德国进行无限制潜艇战之前）。而在协约国拦截了其与德国各中立邻国的贸易路线之前，它甚至占据了德奥两国的部分出口市场份额。美国的银行和金融机构也乐于为交战国和中立国的企业增发贷款，对于英法两国的资本与保险市场而言，美国相对稳定的金融环境也提供了一个颇为诱人的选项。

1914—1917年的中立对美国的影响，再怎样夸大也不为过。在这些年间，美国由债务国（主要欠英国的债）转变为世界上的主要债权国。1916年，英国全国的战争经费中有40%流向美国，而美国生产的产品则有65%出口到英国；1917年，纽约已经取代了伦敦，成为世界经济的中心。这一变化将美国推上了20世纪超级大国的宝座。甚至在1917年美国亲自参战之后，其在世界经济中的核心地位反而越发稳固，而世界上其余中立国家的处境则变得更加艰难。因为在美国于1917年4月不再坚持中立原则之后，其他中立小国就越发难以继续要求获得相应的中立权利。或许在战争期间，中立原则并未"彻底消亡"（某些国际法学家与政治评论家如此认为），但它的系统性功能已经发生了根本性的改变。

在战争结束之后，新建立的国际联盟（League of Nations）甚至试图废除中立权的合法性，并转而提倡依照维护集体安全的原则保护全世界免受战争荼毒。

描绘"一战"期间的国际环境还有另一种方法：观察战争在交战国的臣民群体中起到的作用。19世纪的人完全可以从概念层面上将国内冲突与帝国主义战争或国家暴力加以区分；其中的聪明人或许还能察觉到，每种"类型"的战争在维系国际体系的一般原则上所扮演的角色，而正是战争国际体系保护了各大工业帝国的集体权力。"有限战争时代"虽然战争频繁，但其规模很大程度上是受到各大列强的集体共识所约束的，这样才不致招致列强之间的战争。然而，在1914—1918年的总体战环境中，这些概念却不再像原来那样有市场。这是因为对于想要利用其独有优势的地方社群，以及对于想要实现自己的帝国雄心的各交战国而言，各大帝国之间的战争为其带来了机遇和动力。

这里可以举非洲中部的胡图族与图西族为例。德国–比利时战争给了图西族掳掠胡图族驯养的家畜的借口，而为了复仇，也为了达成自己的扩张野心，胡图族的领导人转而支持比利时人军事入侵布隆迪和卢旺达。对这些非洲人而言，白人之间的战争既带来了机遇，也使其付出了代价。数万名当地黑人被充作比利时"公众部队"（法语：Force

Publique）的驮夫，许多人因此而丧生。而在波斯帝国和奥斯曼帝国的边疆，在全球性战争与"圣战"的号召下，伊斯兰教徒与基督徒之间爆发了最为残暴的战争。诸多库尔德酋长也试图利用列强间大战的机会，扩张其位于波斯与阿塞拜疆的领地。

与此同时，其他殖民地原住民社群则以在帝国中争取更大政治代表权为口号，纷纷响应各国政府的号召。法国政府许诺赋予非洲与印度支那（Indo-China）的殖民地人民完整公民权，由此招募起数千支部队，填进欧洲、非洲与中东的各条战线里，越南妇女甚至移民到了法国，在武器工厂里辛苦劳作。许多印度精英阶层，寄希望于获得更大的自主权乃至实现独立，于是全力支持英国的战争。在战争期间，共有超过100万印度人在英军中服役，众多印度人还通过认购战争债券的方式支持帝国的战争。除此之外，整个大英帝国的各个原住民社群，都对当局政府赋予帝国公民权的话术信以为真，将向王室显露忠诚的政治投机视为争取更大政治话语权与代表权的捷径。

但许多社群注定要大失所望：他们为战争付出了太过惨烈的代价，可在1918年后自己的处境却少有改善。各大参战国在战争期间与许多欧洲之外的社群，签订了诸多条约、做出了诸多承诺，从而使后者愿意加入自己的阵营，帮助己方击败敌人。但总的来说，这些都成了一纸空文；阿拉伯诸部落、巴勒斯坦人、那些想在巴勒斯坦建立犹太家园的犹太复国主义者的梦想都归于幻灭了。从这一点来看，"一战"并未对"全球的国境线"造成多么大的改变。然而，这场战争标志着殖民地原住民对帝国"统治权利"的认可发生了关键性的转变。在1917年与1918年，对政治平等、民族自决与主权独立的呼声反而愈演愈烈，甚至充斥着各大帝国的政坛；反叛与抵抗运动层出不穷，甚至在1918年后有了星火燎原之势。去殖民化与19世纪工业帝国的解体正是"第二个工业全球化时代"的标志性特征，而另一场世界大战则大大加速了这一进程。

而在这些欧洲之外的战争的语境下，全球媒体对战争的不断关注起到了相当重要的作用（许多来自中立国及其通信渠道）。这提醒了我们，全世界都在从报纸和广播中关注并评估着这场战争。当北非的塞努西（Sanusiyya）伊斯兰教徒发起反对英法的起义时，他们的所作所为，只不过是一场反抗欧洲统治的漫长战争的延续，而这场战争早在1914年8月之前就业已爆发。当然，考虑到"圣战"、全球战争与成功后的可观机遇，他们在战时发动的起义因此显得特别有力。在1917年的北印度，库基人（Kuki）向英国统治者宣战。这场反帝国主义战争，从一定意义上说，也是对英国拉壮丁参与战事的抗议。库基人认为，这场世界大战完全是外国人的战争，是由最为致命的武器所导演的最为危险的战争。至少当时的库基人是这样解释的："我们与德国没有任何争端，为什么要去战场上打德国人？我们宁可自杀也不愿去欧洲。"

1916年，爱尔兰爆发了复活节起义（Easter Rising），即爱尔兰革命者反抗英国统治的起义，希望能充分利用英国深陷战争之中的窘境谋求独立。其中重点就是，1914—1918年的世界面临着诸多冲突与暴力，而它们都是当地与帝国政府乃至全球具有互联性的体现。战争岁月强化了这些机制，而许多社群也由此更加警惕地意识到，自己的生命与只负责继续全球战争的帝国政府是对立的。正如历史学家比尔·纳森（Bill Nasson）所述，战争为身份政治的发展提供了肥沃的土壤，并激起了世界各地的反帝国主义浪潮。

对于战争及其暴行，以及战争在国内外产生的影响，中立国的反思并不比参战国更少。举例来说，在美国的各大城市中，这场战争是争论的焦点。历史学家珍妮佛·基尼（Jennifer Keene）认为，美国人通过强调那些自己最为关切的议题与价值观，"在智识、政治和金融数个领域介入了战争"。因此，美国的进步人士关注德国对比利时的入侵，认为前者已经展现出了颠覆"文明"与国际法的威胁；非裔美国人关注非洲与非洲人的战争；美国犹太人关注俄国的大屠杀以及与巴勒斯坦相关的进展。相似的是，阿根廷的移民群体——其中包括奥斯曼叙利亚人、犹太人和来自欧洲各国的移民——同样对战争的进程颇感关切。历史学家史蒂芬·海兰（Steven Hyland）解释道："在欧洲以及中东战场上发生的大屠杀，使（战争）支持者与移民、政客与知识分子……寻求各式各样的回应、与自己的反对者争辩，以及提出各种异想天开的需求。"他们的回应五花八门又极为复杂，这不仅表明了有关这场世界性战争的信息有多么丰富，而且还表明中立国能影响战争的局势。毕竟，战争双方的补给有赖于中立国的贸易与银行贷款，而人道主义救援（救护小队、红十字物资包裹、粮食运输以及难民与战俘安置）则试图缓解战争带来的一部分最为恶劣的影响。

在这种环境下，1914—1918年，战火是如何烧遍世界的每一个角落，也是可想而知的。在欧洲与中东的战场上，工业帝国在战争中用炮火轰炸、毒气攻击、机枪火力和铁丝网陷阱绘制了一幅名副其实的地狱图卷：数百万男性（以及许多负责后勤运输的女性）在此死去。而更快、更强的航空器的出现则彻底改变了战争：它们能用于侦察、监视以及向军事和民用目标投掷炸弹。到1918年，全世界共生产了28.8万架军用飞机，而1914年各国一共只有1000架。现在有了这些飞机,再没有人能逃脱战火的洗礼。甚至某些中立国家也被"误炸",并因此出现了人员伤亡。而为了治疗各条战线的受害者的身体与精神上的创伤,现代医药、外科手术与精神病学也迎来了革命。

而如此暴行也不过是1914—1918年充斥于整个世界的毁灭与暴力的冰山一角而已。历史学家安娜特·贝克(Annette Becker)将"一战"描述为20世纪全部国家暴力的"试验场"。以奥斯曼帝国的臣民在战争期间的遭遇为例:在战争爆发之初,奥斯曼帝国政府强制迁移了欧洲边界线上110万的希腊人,以免他们与协约国军队里应外合。许多希腊人先是沦为难民,继而又成为奥斯曼帝国警察行动中的牺牲品。而帝国境内亚美尼亚人的命运则同样悲惨。对帝国的土耳其领导阶级而言,高加索地区有着极高的地缘战略与历史价值,因此掐灭这一地区的亚美尼亚基督徒任何发动政治叛乱的苗头,就成了当务之急。1915年4月前后,当地的亚美尼亚人开始遭到武力清除。此后的诸多暴行,包括死亡行军、大屠杀、集中营与饥饿战术,与种族灭绝别无二致(这个词创造于"一战"之后,用以描述对某一族群或宗教群体的有组织性的大屠杀),并直接导致了至少150万亚美尼亚人的死亡。在战争期间,由于奥斯曼帝国政府没有高效分配食物的能力,帝国境内不少于250万人(甚至多达500万人)因此而死，这就是这场全球战争带来的最严重、最残暴的影响。战时的波斯帝国同样充斥着饥荒与混乱。历史学家穆斯塔法·阿卡萨卡（Mustafa Aksakal）甚至认为，"一战"彻底摧毁了中东的社会结构。与此同时，加利西亚地区的犹太人以及高加索地区的伊斯兰教徒，也遭受到了俄国军队的屠杀。

到1917年，受到全球战争影响，世界货物与资源的分配渠道已经彻底偏离了常态。在协约国与德国的无限制潜艇战下，欧洲大陆陷入了重重封锁，世界各国的船只都无法通过。经济战对欧洲各国的经济状况，以及中东与非洲各国的发展立即造成了巨大的负面影响。在德国、奥匈帝国、俄国以及欧洲东部与南部的大部分地区，食物与燃油的短缺导致了严重的民生危机，甚至在某些地区演变成了饥荒。而那些中立的欧洲国家也未能幸免，政府的税赋越来越高，对定量配给和人员雇佣的控制也越来越严。

而在当时的人心中，"中立国与参战国都要为战争时期诸多苦难的延续负责"这种想法从未消失。此外，人们在战争期间一直在思考：战后的世界将会达成怎样的和平？战后的国际体系将会以哪些价值观念为中心？在战争结束后，世界的权力将如何分配？美国业已成为新兴的世界经济大国，这将会如何影响世界秩序？鉴于许多战争法规在战时已经遭到了践踏，国际法在战后的国际秩序中将会扮演怎样的角色？随着战争的持续，各国政府越发难以理解或控制战争带来的诸多纷繁复杂的影响。

最重要的是，1914—1918年的战争剥夺了列强政府对国际事务进行微观管理的能力。举例而言，随着战争成本逐渐失控，参战各国都承受着越发沉重的压力，被迫牺牲更多的人口与资源，也使得欧洲各参战国（与美国和日本形成对比）为了支付战争的成本而陷入破产的境地。再加上各国政府已经失去了有效管理食物与燃料、资本与货物的全球分配的能力，这两者共同造成了全球性的、革命性的社会影响。到了1917年，这些革命已经到了一触即发的关头。

历史学家杰·温特（Jay Winter）将1917年描述为战争的"转折之年"。他认为，这一年中全球的发展势态可以证明，这场战争的性质已经发生了转变：1914年的战争是帝国之间的战争，它们的民众全力支持政府；1917年的战争则带有革命性质，绝大多数的社群不再愿意支持好战的政府。各国的人民走上街头，抗议维持战争所耗费的巨额人力与社会成本。正是这种"自下而上"的大规模社会运动，这种反映士兵与平民群体的深刻不满的、很大程度上是无组织的运动，威胁到了世界上绝大多数帝国的政治凝聚力。在此后的数年间，面对着政治危机与暴力革命，没有哪个国家或政府能毫发无损。

实际上，在此后的12个月内，四个世界性帝国（德国、奥匈帝国、奥斯曼帝国、俄国）相继彻底崩塌，英国与法国也不得不进行重大政治改革。1917年的俄国二月革命与十月革命，正是新的全球动乱时代诸多特质的典型。在1917年10月之后，俄国一直深陷于内战泥潭中，直到1923年方告结束；俄国人对同胞拔刀相向，新生的苏维埃红军要对抗反共产主义者、族群民族主义者以及数不清的外国势力。讽刺的是，俄国内战的死难者要比1914—1917年的死难者更多。尽管如此，苏联的成立协助确立了"第二个工业全球化时代"的政治维度。而这个"第二时代"的政治准则，在苏联的全球争霸与经济规则的影响下，也与以保守的君主主义、贸易自由主义以及工业帝国主义为支柱的19世纪工业全球化时代的政治准则，有了根本性的差别。

将1917年视为战争的关键转折点还有另一个理由，就是美国参战，并站在了协约国一方。除日本以外，美国是为数不多的能在战后实现经济腾飞与国际地位上升的国家之一。但甚至在美国本土，战争造成的社会影响还是对政局有着决定性的作用。在战争期间，工人的实际薪资不断下跌，而通货膨胀则日益严峻。除此以外，战时工业生产的扩张，又恰好与非裔美国人由南方各州北上进入新兴工业城市这一人口变化相重合。到1918年，由于当时诸多潜在的社会经济问题，美国本土已经爆发了多起罢工、种族暴乱以及城市居民的抗议示威。工人走上街道，要求提高薪资，并结束通货膨胀与战争投机的行径。而在中立的荷兰、瑞士与西班牙，类似的不满在1917年与1918年激起了严重的政治动荡，最终导致各国对宪法进行了根本性的修订。而在拉丁美洲各国，某些国家在1917年同样对德宣战，而在这两年间的社会与经济动荡，则导致了层出不穷的罢工、抗议与政局不稳。正如历史学家奥利弗·孔帕尼翁（Olivier Compagnon）所述，这些要求变革的行动与战争、"呼吁欧洲和平"，以及提高工资和提供更多必需的食物与燃料有着"千丝万缕的联系"。

　　日本社会同样无法彻底免除战争带来的诸多社会与经济影响。虽然日本的国家财富确实有所增加，日本的银行放贷给中国以及欧洲列强，日本的贸易与工业也确实在蓬勃发展，但日本未能摆脱飙升的通货膨胀及其社会成本所带来的影响。随着城市化水平不断上升，日本的城市面积在战争期间扩大了17%，而随之扩大的还有城市的贫民区。为了满足日益上升的外国买家的需要，日本的稻米产量的确有所上升，但随着稻米以最高价格被销售出口，日本国内的消费者购买这一主食的成本也上升了。到1917年，整个国家面临着稻米短缺的窘境，乃至在从朝鲜进口稻米（牺牲了朝鲜本地人的利益）、并且颁布了《反投机法》（*Anti-Profiteering Law*），政府还是没能遏制住一连串的罢工与"米暴动"的爆发。这些暴动不只是生活成本暴增的产物（1918年的生活成本比1914年高出223%），更是对从战争投机中获利的新富者"恣意奢靡"的生活方式的抗议，还是蜗居于城市贫民区的成千上万人，对战时生活的本质的日渐醒悟。

而与此同时，越来越多的征兆表明，在战后的世界秩序中，现存的各大殖民帝国不会有容身之地。印度、爱尔兰、塞内加尔与中东的反帝国主义抵抗运动此起彼伏，英法两大殖民帝国的命运越发飘忽不定。尽管如此，在1918年后，它们还是在中东的大部分地区建立了保护国，以攫取至关重要的原油矿藏，并确保这一地区始终动荡不休，时至今日仍然祸害着全世界。对于英法在欧洲的小盟友而言，它们的帝国霸权同样面临着挑战。举例来说，在海尔·塞拉西（Haile Selassie）凭借所罗门王室继承人的身份，在1916年自封为摄政王之后，意大利就失去了任何控制阿比西尼亚的借口。1917年，在意大利于卡波雷托战役惨败之后，国内爆发了多起抗议。正是在这种军事上一败涂地、经济上一蹶不振的惨状下，在意大利人心中，一种以实现军事扩张为目的的新兴民族主义浪潮开始成为意大利政治形态的主流。本尼托·墨索里尼（Benito Mussolini）的法西斯主义政党在1922年掌权，全世界开始涌现出各种极端民粹主义运动。在随后的"第二个工业全球化时代"的一大特征，就是军国主义与民粹主义的抬头。

对中国而言，许多中国人将1914—1918年的这段时期描述为"危机时代"。在拿破仑战争时期，中国未曾参战，但其国际权威得到了维系，乃至增长；然而在"一战"期间，中国政府则焦急地参与着国际事务。因为欧洲各大列强此时都忙于战争，因而没有足够的资源或外交能力维系其在中国的"门户开放"政策（即保护各国在中国市场的共同权益，并维护中国政府的主权）。作为中立国的中国成了其近邻日本予取予求的对象。日本政府最大限度地利用了自己的霸权地位，在夺取了德占青岛的所有权之后，还在1915年3月向中国政府递交一份带有侵略性质的最后通牒——《二十一条》。这份通牒要求中国放开国内市场，以及对日本投资与商业的限制，允许日本在中国东北扩建工厂及铁路，并允许其在中国政府施加更多政治影响。这份通牒将日本灭亡中国的企图暴露无遗，并在中国国内激起了广泛的反日情绪。而作为回应，中国政府认识到了与美国和欧洲参战国维持联系的必要性，而只有通过参战，中国政府才能在塑造战后国际体系的进程中发声，并维护自己的主权独立。1917年8月，中国参战，站在了协约国一方。然而在此之前，它已经允许英法两国征召中国劳工前往欧洲西线战场服役。在1916年之后，共有不少于14万中国劳工在此服役。中国的正式参战，宣告着又有4.4亿人加入了这场世界性战争。

然而，致命的"西班牙流感"于1918爆发之后，传遍了世界的每一个角落。有5000万到1亿人因此而死，几乎没有哪个国家能从中幸免。全球危机在1918年达到了最高峰，因为这时全球性的战争与全球性的革命遇到了全球性的疫情。

最后，在1918年11月11日，交战双方签订了停战协议，西欧的枪声就此平息。但在东欧、南欧（以及德国）、广袤的俄国内陆、中东以及非洲，革命战争的火焰仍在继续燃烧。英法的海外帝国也面临着层出不穷的叛乱与抵抗，殖民政府在镇压时也毫不吝惜使用那些最为残暴的手段。1919年4月的阿姆利则（Amritsar）大屠杀就是一个例子：数百名旁遮普人，在违背全城宵禁令外出抗议时，被英国驻旁遮普的军队残忍射杀。这场大屠杀只是许多标志性事件中的一个，它意味着印度与印度人甚至不愿意像过去一样，平静地忍受英国殖民当局的统治。

从幸存下来的各大列强的角度来看，世界需要像在1815年维也纳会议上那样，构建一种类似的可行的条约体系，但他们不可能成功。在那些曾协作治理第一个工业全球化时代的列强中，许多国家已经灰飞烟灭。在19世纪，人类在国家与世界之间成功建立起了联系，国际舞台上多了许多活跃的竞争者。"自下而上"的强大力量，受到各式各样基于阶级斗争、民族主义、民主政治与反帝国主义的政治观念的鼓动。这些政治观念无一是全新的。然而，在1815年建立的国际秩序的诸多概念和结构，及其存续与合法性，都遭到了根本性的削弱甚至彻底消失。而在这种环境下，上述政治观念却有着更强、更持久的力量。

在走出了1914—1918年的世界大战的旋涡之后，"第二个工业全球化时代"即将粉墨登场。它不会继续依赖于那些支撑着19世纪国际竞争的概念，如外交克制、帝国间合作和避免战争，等等。与其相反，"一战"结束后的数十年里，世界将会被充斥着仇恨的冲突分割得支离破碎。在"第二个工业全球化时代"中，外交协定将会难以达成，维系新兴的边界、国家、条约和结构的难度将会更大。这些事态的进展并不一定会带来又一场不可避免的世界大战，只是当时少有人会反对这样一种观点："第二个工业全球化时代"中的世界，不过是一个竭力寻求凝聚力与持续和平的"破碎世界"。

致谢 |

这本书的创造灵感源于多年里我们与他人的日常谈话和一些不那么激烈的辩论（不论是在咖啡小憩之间，还是在洗碗刷碟、去杂货店购物和准备晚饭的时候）。我们讨论了是什么构成了19世纪的全球化，以及为什么全球化是与历史息息相关的。总的来说，本书致力于阐明一个事实：在19世纪全球化趋势日益增加，且不断增强的全球联系感关系到当时人们的日常生活和19世纪的国际环境。这是一本写给我们的学生们的书，他们一直探讨钻研一些本质问题，诸如关于工业革命、资本主义、帝国主义和现代化进程对于全球的影响。

此类书籍将无穷无尽，它们是一些特定时代的产物，反映了作者——无论他们是学者、历史学家还是教师——在其生活中受到的一些影响。我们十分感谢先前那些总是能够启发人们灵感的历史学家们，他们把19世纪构建成一个全球一体化的空间，并且提供了诠释和理解19世纪巨大而激烈的变化的方法。没有他们，本书便不会问世。我们则沿着这些巨人的脚步，一路磕磕绊绊蹒跚前进。

除了这些历史学家和在奥克兰大学和安大略省尼皮辛大学的学生，我们也想借此机会感谢让此书得以成形的一些重要人物：山姆·杰夫（Sam Jaffe）负责了查找参考书目的工作；哈泽尔·皮特里（Hazel Petrie）、普雷蒂·乔普拉(Preeti Chopra)、吉纳维芙·德·蓬（Genevieve de Pont）、安纳利斯·希金斯(Annalise Higgins)、萨拉·布茨沃思（Sara Buttsworth）、马修·霍伊（Matthew Hoye）、雷姆科·拉本（Remco Raben）和安吉莉·森斯（Angelie Sens）提供了反馈与审读建议；奥克兰大学人文学院和布鲁姆斯伯里（Bloomsbury）出版公司提供了资金和物质支持。